JN087732

ゾロアスター 宇宙の闇の神とどう戦うか

公開霊言

大川隆法
Ryuho Okawa

と理解してくれるかもしれない。世界の数億人の人々は、何らかの形で私の説法に接しているので、むしろ単純な、「悪魔中東起源説」を乗り超えて、真理へといま一歩近づけるかもしれない。

二〇二一年　二月十六日

幸福の科学グループ創始者兼総裁　大川隆法

ゾロアスター 宇宙の闇の神とどう戦うか　目次

ゾロアスター　宇宙の闇《やみ》の神とどう戦うか

二〇二一年一月十三日　収録
幸福の科学　特別説法堂《せっぽうどう》にて

6

共産主義の奥に潜《ひそ》むものの正体とは

「霊言現象《れいげんげんしょう》」とは、あの世の霊存在の言葉を語り下ろす現象のことをいう。これは高度な悟《さと》りを開いた者に特有のものであり、「霊媒現象《れいばいげんしょう》」（トランス状態になって意識を失い、霊が一方的にしゃべる現象）とは異なる。外国人霊の霊言の場合には、霊言現象を行う者の言語中枢《ちゅうすう》から、必要な言葉を選び出し、日本語で語ることも可能である。

なお、「霊言」は、あくまでも霊人《れいじん》の意見であり、幸福の科学グループとしての見解と矛盾《むじゅん》する内容を含《ふく》む場合がある点、付記しておきたい。

ゾロアスター　宇宙の闇《やみ》の神とどう戦うか

二〇二一年一月十三日　収録
幸福の科学　特別説法堂《せっぽうどう》にて

ゾロアスター（紀元前八世紀ごろ）

ゾロアスター教の開祖。別名ツァラツストラ。古代ペルシャ（イラン）地方にて「善悪二元」の教えと光の神オーラ・マズダ（アフラ・マズダ）への信《しん》仰《こう》を説いた。その後、同じくイラン地方にマニ（二一五～二七五）として転生《てんしょう》し、マニ教の開祖となった。九次元存在。『太陽の法』第1章・第4章・第5章、『ゾロアスターとマイトレーヤーの降臨《こうりん》』第1章（共に幸福の科学出版刊）参照。

［質問者三名は、それぞれA・B・Cと表記］

1　宇宙の闇《やみ》の神と戦ったゾロアスターを招霊《しょうれい》する

ゾロアスターの霊言《れいげん》を収録するに至った経緯《けいい》

大川隆法　おはようございます。みなさま、眠《ねむ》そうですね（笑）。まあ、今日は、私もちょっと朦朧《もうろう》としているので少し〝危ない〟のですけれども。

夜なかなか寝《ね》るのが遅《おそ》くて、「眠れるように」と、エンゼル精舎《しょうじゃ》用につくった「スーパーマンもネンネする」の原曲、私が歌った歌をかけてリピートをかけていたら、霊反応が起きて、「うーん、しょうがないな」ということで相手をしたのです。出てきたのはバイデンさん（守護霊《しゅごれい》）で、夜中に五十数分しゃべって帰られました。

そのあと、明け方ごろ、二回ぐらい「宇宙に行く夢」を見ました。宇宙ステーションのようなところに二回ぐらい連れていかれたのですが、でも、地球のものではなかったように思うのです。行くのは覚えているのですが、前後がよく分からないものがありますけれども。

そして、そのあと、起きる前ぐらいには、(月刊「ザ・リバティ」編集長の)小林早賢《こばやしそうけん》さんがやたら出てきました。とってもお元気で、もうバイタリティーに満ちてやる気満々で、仕事がものすごくよくできるようになって、昔できなかったような仕事がいっぱいできるような感じになっていて、元気満々なのです。

ですから、「もう〝お御霊《みたま》〟になられたのかな」と思って、最初、心配したぐらいなのですけれども(苦笑)、まだ生きておられるようですからよかったですが、何か、やたら朝から元気な感じの出方をされておりました。

ちょっとご希望とは内容が違《ちが》うかもしれませんが、バイデンさん(守護霊)も

「昼間に霊言《れいげん》を録《と》りたい」と言っていたし、トランプさんも言いたいことはたくさん溜《た》まっているだろうけれども、トランプさん（守護霊）の霊言を早く録っても、大統領の就任式が終わってみないと、何が起きているか分からないから、あまり早く録っても損をするので、もうちょっとしてからにしようかと思っているところなのです。

もう一つは、去年（二〇二〇年）の後半あたりから、霊言で、「中国関係で、宇宙の闇《やみ》の神が影響《えいきょう》している」というようなことを言う人がいて、それについて知ろうとしたら、「それはゾロアスターに訊《き》いたほうがいい。彼は実際に宇宙の闇の神と戦っている経験があるはずだから」というようなことを言われました（『地球を見守る宇宙存在の眼』参照）。

そういうことで、どれにしようかなと思ったけれども、

『地球を見守る宇宙存在の眼―R・A・ゴールのメッセージ―』（幸福の科学出版刊）

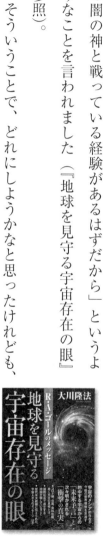

この〝朦朧とした感じ〟だと、宇宙の闇を感知するのにちょうどいいぐらいの感じかと思って、今日はこちらをやってみようかと思っています。

さまざまな宗教の起源に入っているといわれる「ゾロアスター教」

大川隆法　ゾロアスターについては、『ゾロアスターとマイトレーヤーの降臨《こうりん》』という、十年ぐらい前に出している本があります。ゾロアスターとマイトレーヤーという二人の霊言です。

それから、比較《ひかく》的最近に出たのは（『公開霊言　QUEEN《クィーン》のボーカリスト　フレディ・マーキュリーの栄光と代償《だいしょう》』を手に取って）QUEENのフレディ・マーキュリーの霊言です。この人がゾロアスター教徒だった

『ゾロアスターとマイトレーヤーの降臨』（幸福の科学出版刊）

『公開霊言　QUEENのボーカリスト フレディ・マーキュリーの栄光と代償』（幸福の科学出版刊）

というので、まだこれが残っているのですね。いまだにゾロアスター教徒というのがいるのです。

「この人が偉《えら》い人なのか偉くないのか、全然分からない。三十万人も集めてコンサートをやったりして、観《み》ている人がみんな興奮しているから、何か宗教的なものかな」と思って呼んでみたら、もう一歩、それほどいい感じでもなかったようです。ゾロアスター教により鳥葬《ちょうそう》に付されるのかどうかは知らないけれども、こういう人が最近、出てきました。

今、（ゾロアスター教について）分かっているのは、「光と闇の神のようなものを言っていた」ということで、善悪を中心とした教えであったのではないかと思われます。

それから、今、仏教でも入っていますけれども、インド経由で来ている火を焚《た》く宗教儀式《ぎしき》のようなものは、このゾロアスター教あたりに起源があるのではないかということは、だいたい分かっております。

また、『ゼンド・アヴェスター』という教典があったらしいのですが、今はほとんど遺《のこ》っていないので、ちょっとよく分からない。

それから、ホラー研究で「エクソシストもの」をいろいろ観ていると、出てくる悪魔《あくま》の起源はほとんど、イランかイラクあたりの昔の神様のようなもので、だいたい、中東、メソポタミアあたりの宗教が悪魔の起源のような感じです。「その神様をかたどったような像のようなものが（掘《ほ》り出されて）出てきたりして、そんなものをアメリカに持って帰ったりしたら、悪魔が出てくる」というような感じで現在も戦っていますから、いいのかもしれないけれども、そういうものが多い。

ただ、実際上、メソポタミアの宗教、イラン・イラクの宗教は『旧約聖書《きゅうやくせいしょ》』の原点になっているものがあって、「創世記」以下のいろいろな話は、こちらのほうがもとではないかとだいたい言われているのが多いのです。

まあ、よく分からない。よく分からないので、もう今日はちょっと割り切って、「理性的なもの」とか、「現代科学」と適合するものとかいうのをあまり求める心は薄《うす》くして、もう「オカルト文献《ぶんけん》」を追加するぐらいのつもりで、言いたいことを言ってもらいます。つじつまが合おうが合うまいが、とにかく、ほかに資料がないのだからしょうがないので、（質問者たちに）あなたがたも、霊感のままにいろいろなことをお訊《き》きになられて、聞いているうちに相手の輪郭《りんかく》が分かってくるだろうと思います。

ゾロアスターを中心に訊くつもりではいます。闇の神に訊いてもいいのですが、「宇宙の闇の神」といっても何が出てくるか分からないから、恐《おそ》ろしくて、直接お訊きするのはちょっと混乱があるので、「闇の神と戦ったことがある」と言われているゾロアスターさんを経由して訊くことのほうがよいかと思っております。

幸福の科学の霊査《れいさ》で明かされているゾロアスターの転生《てんしょう》

大川隆法　幸福の科学の霊言《れいげん》等によれば、「ゾロアスターというのは、おそらく釈尊《しゃくそん》の百年ぐらい前の方ではないか」というのは一つ出ております。「光と闇」「オーラ・マズダとアーリマン」の二元論的な教えを説いた人です。

また、紀元後も、「マニ」という名前でも生まれたのではないかとも言われていて、二〇〇年代ぐらい、二、三世紀ぐらいですね。

これは、イエスのほうが十字架《じゅうじか》に架かったので、イエスの弟子《でし》たちの言葉は別にして、天上界《てんじょうかい》から見てイエスによるキリスト教は失敗したと見て、マニが出てきた。出てきたけれども、生皮《なまがわ》を剝《は》がされて、殺された。さらに、キリスト教徒に殺されたのではなくて、ゾロアスター教徒に殺されたというから皮肉すぎるのですが、そんなものが出ているようで、あまり成功しないですね。

それから、これも確認のしようはもうほぼないのですけれども、「洪秀全《こうしゅうぜん》という、太平天国《たいへいてんごく》の乱を起こした人の魂《たましい》がゾロアスターから出ているのではないか」とも言われておりますし、時期的にちょっと重なるのですけれども、ロシアのドストエフスキーもそうだと言われています。トルストイのところにイエスの分光《ぶんこう》的なものが入ったのではないかと言われているのですけれども、ドストエフスキーは（このトルストイと並ぶロシア文学の）「双璧《そうへき》」の一人ですね。

ただ、この人の文学を読んでも、ちょっとよく分からないのです。実際読むと、偉い人なのか偉い人ではないのかが分からないのです。私も読んでも、長らくよく分からなかったのです。悪魔が書いているのか、神が書いているのかが、ちょっと分からない。

ただ、現代の小説のほとんどは、けっこうドストエフスキーの影響を受けているとは言われています。おそらく、推理・サスペンス系のものとか、人間関係のドロドロした葛藤《かっとう》のようなものを書くような文学等は、ほとんどドストエフスキー起源ではないかと言われているものがあります。

ドストエフスキーの作品のなかでは、何度か言ったことはあるのですけれども、『カラマーゾフの兄弟』という、代表作かどうかはちょっと分からないけれども、よく読まれる本のなかに「大審問官《だいしんもんかん》」の話があります。

確か十六世紀ぐらいだったかと思うけれども、「イエスが生まれ変わる」という話があって、生まれ変わってきて奇跡《きせき》を起こして、イエス時代と同じように病人を治したりいろいろします。

ところが、大審問官という教会のトップ、（ロシアでは）ロシア正教のトップだと思うのですけれども、その人が、「私はおまえが誰《だれ》かを知っている。イエスなんだろうということは知っているけれども、今ごろ来てもらっても困るんだ」というようなことを言うのです。

教会は、もう制度として連綿と、幕府のようにつながっているものであるので、教会制度を護《まも》ることが大事なので、「今さら出てきてくれて、教会を壊《こわ》されても困る。私たちは、イエスの復活を喜ぶよりは、滅《ほろ》ぼすほうを選ぶ」ということですね。

だから、「出てきてもらったら困るんだ」ということで、「本当ならもう一回、十字架に架けてやりたいところだけれども、罪一等減じて、国外追放してやる」ということで、再誕《さいたん》のイエスは国外に追放されるという話が『カラマーゾフの兄弟』に確か載《の》っていて、印象的なところです。

印象的というか、まあ、長い小説ですので、唯一《ゆいいつ》覚えられるのはそのくらいしかない小説であるというところではありますけれども（苦笑）、私にとって、ちょっと印象的だったのです。

ドストエフスキーによる批判でしょうけれども、「今のキリスト教会だったら、イエスが生まれ変わっても絶対迫害《はくがい》される。新宗教の教祖で、カルトといわれて迫害されて殺されるか、追い出されるかになるだろう」という、ある意味での「現状分析《ぶんせき》」であり、「予言」であると思うのです。たぶんそうだと思います。

キリスト教系では、新宗教さえ起こすのは大変なことで、なかなか起こせないですね。ずっと「キリスト教」なのです。その解釈《かいしゃく》による派が分かれるぐらいです。そんなことがあります。

まあ、このへんの真偽《しんぎ》はなかなか分からないことではあるのですけれども、とにかく、「ゾロアスターに訊け」と言った方がいらっしゃるので、訊くしかない。とにかく、〝霊界《れいかい》ジャーナリスト〟になったつもりで、「オカルト文献を新しく引きずり出す」ということでやってくれればと思います。

「自由」と「平等」に二分化していった民主主義

大川隆法　幾《いく》つかの話によれば、正体はよく分からないけれども、「中国の裏に宇宙の闇の神の力が働いている」とおっしゃっている。このへんも絡《から》めて、その他、現在のいろいろな地球での問題にも関係があるかもしれないので、このあたりをちょっと調べたいなと思っております。

私の感じることとして、今、ここ二百年から二百五十年ぐらいの流れのなかで、本当は民主主義といわれるようなものが二分化してきて、「自由のほうを求めていく民主主義」と「平等のほうを求めていく民主主義」に分かれてきたような感じがします。

自由を求める民主主義は、「動機」と「チャンス」を与《あた》える民主主義なのだと思うのですが、こういうものはアメリカ革命などで起きたことかと思います。

一方、平等を中心に置く民主主義のほうは、結局、「結果平等」に行くことになって、弾圧《だんあつ》や搾取《さくしゅ》、それから大量殺戮《さつりく》等を呼んでいるような気がしてなりません。

だから、「革命」といわれるものにもいろいろあるような気がして、このへんが整然としていないような気がする。

民主主義下でのいろいろな諸革命もありますけれども、私たちが「全体主義」とか「共産主義」とか呼んでいるものは、もしかすると別の起源――、昔の宗教で言えば、対立的な「光と闇」の、「光とは反対側のもの」が応援《おうえん》しているのかもしれないという気持ちもあります。まあ、このへんは、ちょっとよく分からない。

ということで、博学の方々が来ていらっしゃるので、質問していただいて、お答えを聞きながら、必要があれば調べるものは調べます。

（質問者に）では、いいですか。

質問者A　よろしくお願い申し上げます。

大川隆法　では、「ゾロアスター　宇宙の闇の神とどう戦うか」ということをいちおうテーマにしまして、お呼びして、違った角度から何かお話を頂ければと思っています。

（合掌《がっしょう》・瞑目《めいもく》して）ゾロアスターよ、ゾロアスターよ、ゾロアスターよ。どうぞ幸福の科学に降臨たまいて、その教えをお聞かせください。お願いします。

ゾロアスターよ。

（約十秒間の沈黙《ちんもく》）

2 闇《やみ》の神アーリマンの地球介入《かいにゅう》の手法とは

「天上界《てんじょうかい》と地獄界《じごくかい》」という考え方を明確に説いたゾロアスター

ゾロアスター　うーん……。うーん。うーん、うーん、まあ、私の出番ではないような気もするんだがなあ。君らは物知りだから、何でも知っているのではないのかなあ。

質問者A　いえいえ。ゾロアスター様でいらっしゃいますか。

ゾロアスター　ああ。

質問者Ａ　このたびは、この聖なる結界《けっかい》にご降臨賜《こうりんたまわ》り、まことにありがとうございます。

ゾロアスター　うーん。うん、うん。

質問者Ａ　ゾロアスター様は地球の歴史から見ますと、古代ペルシャ、現在で言うとイランのところですけれども、そこで教えが広がったと言われております。「ゾロアスター教の開祖」として「世界宗教」のもととなった偉大《いだい》なる悟《さと》りを持たれた方で、幸福の科学の教えで言いますと九次元宇宙界にいらっしゃる大霊《たいれい》であると聞いております。

ゾロアスター　あっ、知らんなあ。そんなことは知らんなあ。

質問者Ａ　すみません。

ゾロアスター　そんなに偉《えら》くないかもしらんな。「実は、〝ペルシャ絨毯《じゅうたん》〟をつくった職人だった」というようなこともあるかもしらん。

質問者Ａ　いやいやいやいやいや。

本当に、こうした時間を頂けることは奇跡《きせき》であり、光栄でございます。

本日は、「宇宙の闇《やみ》の神とどう戦うか」というテーマで、ぜひとも人類の指針を賜れればと願っております。

ゾロアスター　うーん、何だ、裏方では〝ダース・ベイダーの音楽〟とかがかかっておったよ。期待しておるのかなあ。

質問者A　（苦笑）いやいやいや。

現在、地球ではコロナ禍《か》をはじめとするさまざまな困難がありますが、その一方では宇宙存在の方々がまた、指導し、支援《しえん》してくださっています。

そのなかで、宇宙存在のR・A・ゴール様という方から、「ゾロアスターは、アーリマンという闇の神と直接、戦ってきた人ではないか」というご指摘《してき》を賜りました。

その体験をなされた「智慧《ちえ》」や「悟り」のなかで、何か、私たち人類に指針を与《あた》えていただけたら、最高にありがたく存じます。

ゾロアスター　いやあ、もう〝ほとんど消えている宗教〟なんだけれどもね。だから、こんなフレディ・マーキュリーみたいなのがときどき出てきたりして、「まだ健在なり」みたいなのがたまに出てくるだけなんだがな。

質問者A　後代に編纂《へんさん》された、『聖書《せいしょ》』に当たるようなものとしましては、『ゼンド・アヴェスター』という聖典《せいてん》がございますけれども、かなり古くて、現代人にはなかなか内容が分からずにおります。

現在、私たちは、「拝火教《はいかきょう》」としていろいろな教科書等では学ぶことはあるのですが、手触《てざわ》りのある感覚で理解することは能《あた》わず、その内容につきまして、ご生前、地上で使命を果たされたときに得られました宗教的な感覚などを、ぜひお教え賜れればと思っております。

ゾロアスター　いやあ、仏教なんかで言う「天上界《てんじょうかい》と地獄界《じごくかい》」という考え方が一つあるけどさ、まあ、キリスト教にもあるけれどもね。そういう考え方があるけれども、そういうものを明確に説いたということではあるわな。

だから、「この人間界の人間の生活に、やはり『神から見た善悪』はあって、善なる魂《たましい》と悪なる魂が死後、分けられるよ。それで行く世界が違《ちが》うんだよ」というようなことを基本的には説いておったから、いろいろな宗教に影響《えいきょう》はしているわな、基本的にはな。

質問者A　そうした「天国と地獄」「善悪二元」などのゾロアスター様の教えは、ユダヤ教、キリスト教、イスラム教にも強い影響を与えており、「世界宗教」に至る流れの〝先駆《せんく》的な位置〟にあるものと、宗教学者等も分析《ぶんせき》しておりますけれども。

ゾロアスター　いや、まあ（笑）、イエスと一緒《いっしょ》で、いつも〝負けてばっかり〟だからさ。〝最後は殺される〟のが仕事だから、（質問者Aに）もう君でも「ゾロアスター」を名乗ったっていいんだよ。

質問者A　いえいえいえ。ゾロアスター様は、「善悪二元論」の教えを説かれましたが、それは、今、この地球に必要なものでもあると思いますが……。

ゾロアスター　いつも負けとるもん。

質問者A　えっ？

ゾロアスター　いつも、たいてい殺されるもん、最後。嫌《いや》なものだよ。
攻撃《こうげき》してきた悪魔《あくま》は「〝地球産〟のものだけではなかった」

質問者B　ちょっと具体的なところをお聞かせいただければと思うのですけれども。

だいたい、釈迦《しゃか》の百年ぐらい前にご生誕されたという記録が遺《のこ》っているのですが、救世主として地上に下りられますと、悪魔《あくま》からの攻撃《こうげき》というのは避《さ》けられないところかと思います。

ゾロアスター　うん。

質問者B　あれだけ記録で遺されているということは、おそらく、悪魔からの攻撃に関して、間違いなく実体験がおありだったのではないかと思うのですけれども、実際、当時、ゾロアスターとして下りられたときに攻撃してきた者は、今、いわゆるアーリマンとして認定されている霊存在であるというふうに理解してよろしいのでしょうか。

ゾロアスター　うーん、そうだねえ、まあ、彼らも〝地球産〟のものだけではないものはあるような気がするね。だから、ときどき、うーん……、そうだなあ、時空を超《こ》えてやって来て、介入《かいにゅう》してくるときがあるような気はするね。

それで、地上に新しい異端《いたん》の考えを植えつけようとして来るんだよな。誰《だれ》かを〝アンテナ〟にして「教え」を説いて、「神だ」と名乗って教えて、「地球的な神の考え」に反するようなことを言って、混ぜ返してくるようなものはあったと思うから。

私のときもそうだったと言うから、まあ、そう、うーん……。アーリマンねえ。まあ、確かにアーリマンはいたけれども。

私は、いつも殺されている、ろくでもない弱い人間なんだけれども。

まあ、最近ではニーチェみたいな人が、ねえ？『ツァラツストラ』みたいな、小説か哲学《てつがく》やら詩編やら知らんけれども、そんなものを書いて。

それはもう〝超人《ちょうじん》〟〝超スーパーマン〟（のように描《えが》かれ）、イエスみたいな、〝弱い〟、〝ちょろい神〟とか〝神の独り子《ひとりご》〟ではなくて、ツァラツストラというのは、もうスーパーマンのようにな、「ハッハッハッ」と言って全部をぶち壊《こわ》して、戦って勝つようなスーパーマンに描いてくれている。現実は正反対ではあるんだけれども。

そういうことで、私を〝スーパーマンにした〟という〝罪〟により、ニーチェは地獄に堕《お》ちておるということであるからして。

本当はもうちょっと〝弱っちょろい人間〟であったのであろうがな。
うーん、（私は）もう〝古くて〟ね、いや、君たちの役に立つことは何も言えんのだよ。もし、引っ掛《か》けて、それを出すことができたら大したものだよ。

ゾロアスター以前の時代にもあった「宇宙からの介入《かいにゅう》」

質問者B　今のお話のなかで、「地上にアンテナになるような存在を見つけて、そこを通して、地球の神の考えに反するようなものを流してくるもののなかに、ちょっと変わった、宇宙存在的なものがあった」というお話をしてくださったのですけれども、当時も、やはり救世主に敵対するものがいかにも来ていそうな〝アンテナ存在〟のような者が、ゾロアスター様のところにもいた、と。

ゾロアスター　いや、私なんかは、比較《ひかく》的、まあ、二千六、七百年ぐらいか、ちょっと分からんけれどもさ、そのくらい前かもしれないけれども、もう一つ前ぐらいがあるんだよ。

そのとき、だから私らが出たときに、もうすでに「昔の神」とか言われていた存在があって。もう年数はよく分からんのだけれどもさ、もっとずーっと古いとも言われているんだが。

例えば、（古代シュメールには）「アヌの神」とかね、こんなものもいて、うーん、アヌ、エンリル、ベリアル、こういう流れがあって。

アヌが当時の神なんだけれども、エンリルというのが二代目を継《つ》いで、これは善悪両方をなかに持っているような人で。

それから、その下にベリアルというのが出てきて、三代目でここで狂《くる》ってしまって、もうちょっと悪のほうに完全に行くんだけれども。

このベリアルは、中東から地中海のほうに一時期広がった、「バアル信仰《しんこう》」のもとになったといわれている者で、後《のち》にまた、「イスラエルの神」とかが戦った、預言者たちが戦った相手ではあるんだよな。

もうこのときに、「一回入っている」と思うんですよ、宇宙のほうね。

それから私らのときにも、やっぱり「来ている」と思うんだけれども。うーん、善悪がね、どちらか分からなくなるように引っ繰《く》り返るんだね。

だって、今あなたがたでも、どこまでか知らんが、まあ、〝下《した》っ端《ぱ》〟は知らんが、幸福の科学の〝幹部〟から上だったら、例えば中国に行ったら、どうせ逮捕《たいほ》されるんじゃないの？　君たち、なあ？

彼らの法に照らせば、君らは〝悪人〟なんだろう。〝国家転覆罪《てんぷくざい》〟を狙《ねら》っているんだろう。外国において扇動《せんどう》して、内乱を起こそうとしている〝悪人〟なんだろう。だから、あっち側に行けば君らは〝犯罪人〟で、日本にいるから今捕《つか》まえられないだけなので。今、香港《ホンコン》を堂々と歩いたら、〝しょっ引いて〟くれる可能性があるわな。

3 「唯物論《ゆいぶつろん》」と「科学技術」を用いた支配

「光の神と闇《やみ》の神は約二千年ごとに戦っている」と推測する

質問者B　今の「ベリアルが三代目で、おそらくそこに（宇宙存在的なものが）来ただろう」というのは新しい情報で、たいへん……。

ゾロアスター　ああ、そうなの？

質問者B　ええ。これはものすごく貴重な情報で、ここも突《つ》っ込《こ》みたいところがいっぱいあるのですが……。

ゾロアスター　ああ、そうなの。君、元気だね、本当に（会場笑）。

質問者B　あとで戻《もど》らせていただくとしまして、できれば、最初は全体像が見えるとありがたいと思いますので、もう一つ質問をさせていただきます。

『宗教選択《せんたく》の時代』等によると、アヌはだいたい四千八百年前の時代とは言われているのですが。

ゾロアスター　うん、うん。ああ、そうなの。ふーん。

質問者B　直近のヤイドロンさんの霊言《れいげん》のなかで、アー

『宗教選択の時代』
（幸福の科学出版刊）

『ヤイドロンの本心』
（幸福の科学出版刊）

リマンがアーリマンとして地球に攻《せ》めてきたタイミングというのは、実は六千年前ぐらいにあったのだということをお話しくださっていまして。

ゾロアスター　ああー。

質問者B　「アヌの戦い」もあったと思うのですが、どうも〝その一つ前〟にもあったみたいで、それが、以前から言われているメタトロンさんが出た時期とちょっと近い感じがあるものですから、そのへんを少しお訊《き》きしたいのですが。

ゾロアスター　そうだと思うね。そのへんの……、メタトロンは〝もっと前〟なんだよな。「トロンさん」たちが出ているのは、そのくらいのころが多いんだよな。

だから、「闇《やみ》の神」みたいなものが宇宙から来ているのだけれども、「光の神」たちも地球を救いに来ているんだよね。それは、「私たちの代」の〝前の代〟の〝その前の代〟ぐらいに当たるかな。だから、二千年ごとぐらいには戦っているのかな。そんなものじゃないかなあ。

だから、分からんから。古代の神……、「宇宙人」と「地球の神」の区別があまりつかないからさ。

いや、君らはもう、編集から二人も来ないで、（質問者として）総合本部長を引っ張ってくるべきだったよ。「おまえは本当に神か、悪魔《あくま》か」と尋問《じんもん》すべきで。

あれ、なあ？ あれは半魚人だろう？ あれは宇宙から来たに決まっているんだからさ。あれが宇宙から上がってきて、メソポタミア地方に酒を教えた。ビールを飲ませて、何か怪《あや》しげなあれを、何かいろいろと魔術を教えたという話があるからさ。あれはアーリマンの弟子《でし》と違《ちが》うか、もしかして。

質問者B　（苦笑）

「アダムとイブの神話」のもととなったのは、宇宙人による実験？

質問者B　今のお話の関連でいきますと、メソポタミアのいわゆる「半魚人」の話ですね、海から現れて人間に学問やさまざまな知恵を授けたとされていますけれども、このあたりの話は、だいたいそのアヌの時代、四千八百年前ごろとは言われていますので。

ゾロアスター　アヌの時代なのか。ふうーん。

質問者B　せっかくですし、今おっしゃってくださった、ご自身が地上に下りられたとき以外で言えば、例えば、アヌからベリアルに至るあたりですね……。

ゾロアスター 「ベリアル」と「ビール」って似ているじゃないか。

質問者B （笑）アヌ、エンリル、ベリアルの流れ、特に後半の二人、三人目の流れのなかで、具体的にはどんな介入《かいにゅう》があったのかということについて、もし、上からご覧になられていて、情景描写《びょうしゃ》みたいなものがありましたら……。

ゾロアスター いや、「支配民族」みたいな、何か、あれは日本だと「天孫降臨《てんそんこうりん》」になるのかな。いや、宇宙から降りてきたら、「神」だと思ってしまうわな。だから、そういうことができた時代でもあるんだろうなあ。

古代のほうの絵とか像とかを見ても、人間ではないような顔をした、鳥の顔をしたやつとか、いろいろ出てくるじゃないか、な？　実際にそんな顔をしている場合と、宇宙服を着ている場合もあるとは思うのだけれども、ちょっと違うものが入ってきたのは事実で。そのころのやつらが、何かねえ。

うーん、だから、「アダムとイブ」のあの伝説も、きっと、もとはメソポタミアだと思うんだよ、もとはね。ほかのところにも広がっているから、起源はアフリカ起源もあるし、ほかもあるんだけれども、イスラエルとかも言われているけれども、もとは、たぶん、そのへんだと思うので。

「遺伝子交配」というふうに言われている、宇宙人のね、やっていると言われている。やっていたと思うんだよ。だから、つくっていたんだよ、本当に。自分らの肉体だと、地球に適応はちょっと難しいので、「地球人との合いの子」、「ハイブリッド」をつくろうとしていたんだと思うんだよ。地球に住める体をつくって、そちらに移行するというのかな。元の体ではちょっと住めないので、そういうものをつくっていたと思う。

いわゆる「天空神《てんくうしん》」風に現れて、今だったら、宇宙船にさらって、実験台に乗せて、女性を妊娠《にんしん》させたりするのをやって、ねえ？ それで、宇宙人との合いの子が生まれるみたいなことを言っているけれども、その当時もやっていたと思うんだよ。

だから、「アダムとイブの神話」とか、「神が粘土《ねんど》から人間を創った」とか、「アダムの脇腹《わきばら》からイブを創った」とか、いろいろあるけれども、実際に人間をつくった実験をやっていたということではないかと思う。

質問者Ａ　歴史的に見ても、古代シュメールの発掘物《はっくつぶつ》の、円筒印章《えんとういんしょう》や粘土板のなかには、やはり、遺伝子操作的な、人類創造のような姿の絵も遺《のこ》っていて、後代の学者たちが「なぜなんだろう？」という感じで頭を悩《なや》ませていますけれども、具体的に、人類創造のアダムとイブの源流につながるものがあったということですか。

ゾロアスター　うん、だから人類の「進化」と言えば進化なんだよ。進化の過程で、地球レベルで、文明の切磋琢磨《せっさたくま》とか偉人《いじん》が出ることで進化したものもあるが、宇宙からときどき介入して、それで進化したものもあるんで。

それが、どれが神かどうかなんか、地球人に分かるわけもないよな。科学技術が進んでいれば、もうみんな、「神」と言えば「神」に見えるし、言っていることが正しいことなのかどうなのかが分からんからさ。

「科学技術が進んでいれば神」という考えが行き着く先とは

ゾロアスター　だから、侵略《しんりゃく》にも値《あたい》しないんだよな。神が人間を改造してくれて、あれするっていうんだから。

これは、ヒットラーなんかの最近の思想にもちょっと影響《えいきょう》を与《あた》えているんではないか？

質問者B　ええ。

ゾロアスター　今、昔の話をしているけれども、ヒットラー時代？　ヒットラーは途中《とちゅう》からだいぶおかしくなっていっているけれども、アーリマンのあれは、ヒットラーにも降りているのではないかとは思うなあ。

質問者B　今の点は、実は、中国の文脈で言いますと、まあ、ちょっと（苦笑）、あの……。

ゾロアスター　どうせオカルトだからいいんだよ、もう。

質問者B　実は、「ザ・リバティ」の次号でやるので、とても関連するところなのですけれども、ちょっとお訊きしたいのが、「遺伝子交配とか、たぶんいろいろやっていた」というのは、今の中国の状況《じょうきょう》を見ると、極《きわ》めてリアリティーのある話です。

ゾロアスター　うん、やっているだろうな。

質問者B　結局、科学技術なり何なりが「天孫降臨」風に来たところ、ベリアル

月刊「ザ・リバティ」（2021年3月号、幸福の科学出版刊）

とかは下のほうへ転落していったといいますか、そういう技術とかいったものを「邪悪《じゃあく》なるほうの目的に使う」といったように持っていった、その持っていき方というのはどのようなものでしょうか。ちょうど、今の中国が現在進行形でそのように動いている感じがあるものですので。

当時、例えばベリアルの時代とかに、今中国で起きているようなことがあったとすれば、エンリルからベリアルに行ったときに、どんなふうにして、いわゆる悪の帝国《ていこく》のほうへ行ったのでしょうか。

ゾロアスター　いや、だから、ここはとても難しいところなんだよ。「宗教を信じる人」もいるし、「宗教を嫌《きら》う人」もいる。で、両方に理由はあるんだよ。

宗教で信じる「神」という存在は、ちょっと、超《ちょう》自然的な能力を持っている卓《たく》越《えつ》した人たちであることも多いのだけれども、もう一つ種類を見ると、やっぱり

〝支配をしたがる人たち〟もいるわけで。支配・被支配《ひ》の関係、何をもって「支配の原点」とするか。だから、（そこが）王様が生まれる原点だろうし、そうした神が生まれる原点のところだけれども、「支配したい」と思う。

共産党一党独裁型で支配したいと思う考え方は、「宇宙人が地球人を支配したいという考え」とだって一致《いっち》する考えだからね。ある一つの考えで、教条的な考え方で洗脳してしまえば、動かせるからね。

それを、例えば、科学技術が進んでいれば神だという考えなら、それは、最近のドイツが第二次大戦のときにそうだったように、科学技術的には進んでいて、「優生保護法」みたいな感じにちょっと近いような、「肉体的にも頭脳的にも優《すぐ》れた人だけがドイツ人たりうる感じで、あとの劣等《れっとう》民族は滅《ほろ》ぼされるべし」というような感じのものはあるから、これに対する拒否《きょひ》感を持っている人はいるわな。

だから、まあ……、そうだね、（私は）もう〝古く〟て。なんで私なんか指名したんだ。

アーリマン的指導が入った、ヒットラーの〝優秀《ゆうしゅう》人種〟をつくる計画

質問者B　では、あまり拡散しすぎてもいけないのですけれども、手前のほうでいきますと、ヒットラーのドイツのときに、確かに、「優生学」を使った〝優秀《ゆうしゅう》人種〟をつくり出す計画をやり始めましたが、あれもある種、アーリマン的な指導が……。

ゾロアスター　まあ、一部入っている。

質問者B　ええ、入っていると。

ゾロアスター　けど、ゾロアスター……、『ツァラツストラ』のニーチェ思想の超人思想、優越思想が入っていて、その優越思想は、また、神智学《しんちがく》的なものからも来ていて、それで、神智学のほうは「アトランティスから来ている」と言って。ヒットラーは、「そのアトランティスからの魂《たましい》が『ドイツ人』、『優秀なドイツ人』なんだ」というような、「アーリア民族がアトランティスの末裔《まつえい》なんだ」というような感じの思想をつくっている。
だから、わりに宗教と一体化しているんだよね。

質問者Ａ　なるほど。アーリア人の原点には……。

ゾロアスター　そうそう。アトランティス人だよ。

質問者A 「宇宙からの介入もあった起源」とつながっている可能性があるからですね。

ゾロアスター うん、うん、そうそうそうそう。

まあ、確かに、そういう宇宙からの霊示《れいじ》も降りることはあるから、君たちも知ってのとおり。そのへんを人間に判断させるのは、もう無理で。人間が幸せになるかどうかだけで善悪を決められるかといったら、それは分からんのだよ。

だから、彼らは神であるかぎり支配したがる。支配するなかには、殺したり食ったりすることだって入っているかもしれず、ロボット、サイボーグの代わりに仕えろと言う場合もありえる。

GAFA《ガーファ》という〝別種の神〟による支配を警告するゾロアスター

質問者B　次の「ザ・リバティ」でやるんですけれども、まさに今、中国の人民解放軍が、いわゆる人造兵士をつくり始めていたりしていますし、遺伝子交配の人造犬はもう出来上がっていて、武装警察で迫害《はくがい》に使わせたりとかという現実が出始めています。

今のお話ですと、古くはメソポタミアのベリアルの時代なんかにも、そういうつくり変えみたいなことをして、例えば、それを支配の道具に使うとかいうことが、実際にあったという感じに……。

ゾロアスター　だからなあ、ここは過去の話だけじゃなくて現在もそうなんだけど、「科学」のほうにずっと行くと、やっぱり、唯物論《ゆいぶつろん》との親和性がとても高いわなあ。だから、その唯物論というのをどう捉《とら》えるかという……。まあ、確かに、あなたがたが左右できるのは「物」しかないけれどもね、この世的には。

だから、「あの世の思想、天国・地獄《じごく》的なものを〝ない〟」、「神なんかいない」として、この世だけに限って、物はいじれるし、いろいろ加工もできるし、科学の支配下にあるから……。この世だけに限れば科学が支配できるからね。

まあ、それでいくと、結局はこの世だけでいくと、より便利でより力を持った者が、フォロワーズたちを支配できる構図が生まれてくるわなあ。

だから、今、あなたがたは本当、例えば「GAFA《ガーファ》」みたいな、グーグルとかアップルだ、フェイスブックだ、アマゾンだというものに支配されかかっているわけで。

これは、アメリカの大統領、トランプさんのあれでも、最近のねえ？　ツイッター閉鎖《へいさ》、フェイスブック閉鎖とか、永久停止とか言っているけれども。これは

「新しい権力」が生まれているけれども。

質問者B　そうですね。

ゾロアスター　憲法で何にも規定できない「新しい権力」が生まれてきているんですよ。

質問者B　ええ。恐《おそ》ろしいことが起きている。

ゾロアスター　八千八百万人もフォロワーがいる人の、その報道というか通信機能を遮断《しゃだん》してしまって、ほかのものをつくろうとしても、今度は接続させない。だから、保守のそういう何か違ったものをつくろうとしても、ほかのものと接続できないと、結局、ユーザーは使えなくなってくるから。君らは、またそういう〝別種の神〟に支配されようとしているから。これがアーリマンかどうかは、ちょっと私は分からんけれども。

「物質的な繁栄《はんえい》」の明暗を分ける考え方の違《ちが》いとは

質問者A　そうですね。聞いていますと、「アーリマン的な思考」とか「ベリアル的な思考」には、科学技術とか、支配とか、唯物的な権力とかが特徴点《とくちょうてん》として描《えが》き出されてきていると思います。

例えば、大川隆法総裁先生にご指導いただきました御法話《ごほうわ》のなかでは、ベリアルというのは、後代、いろいろなところを悪い方向で霊的に指導していまして、通商国家カルタゴもその支配を受けた国なのですが、「物質的な繁栄《はんえい》をなして大きな都市にはなったけれども、〝バアル信仰〟に陥《おちい》って、最終的には破滅《はめつ》していった」ということでした。ベリアルには非常に物質的な性質があるのだとお教えいただいておりますが。

ゾロアスター　いや、それがな、君、また〝難しいところ〟なんだよな。なんでかというと、まあ、君らも「幸福論」は説いておるんだろうけれども、悪魔の判定をするときに、たいてい、人間を大量に飢《う》え死にさせたり殺害したりするような行動がね、何百万人、何千万人を殺したとかいうのが出てくるけれども、それは、ある意味で、物質的な意味での彼らが生きていくための糧《かて》を奪《うば》ってしまうということも入っているからさ。

だから、本当に、この世を豊かにするというのは、それは「物を豊かにする面」も一部はあって、ここのところは確かに許容しているところはあるんだよ。

だけど、それが、劣《おと》った者を切り捨てていいとか、あるいは科学技術的に進んでいる者のほうが神により近くて、それより後《おく》れている者は（そうではないとか）……。だから、今で言えば、そうした先進国から見れば、アフリカその他、アジアの一部後れた地域の人たちは、もう本当に今でも奴隷《どれい》にしてやりたいぐらいの人たちで。世界から富を奪うだけの存在だからね、いつでも殺してやりたいぐらいの気持ちも、もしかしたらあるかもしらん。

だけど、宇宙の進んだ人たちが、確かに、エル・カンターレなんかの教えのほうを、一定の尊敬を持って守護しようとしているのは、そういう「科学技術」は十分利用できるものではあるけれども、それよりも、「人間の心の幸福につながるような考え方や行動であるかどうか」ということを非常に重視しているので。

この部分については、宇宙から来ている人たちでも、私たちも、それを十分に制御《せいぎょ》できなくて、ほかの星を制圧したり破滅させたり、いろんなことをしてきたから。

要するに、「魂の操縦」のほうだよな、こちらのほうが本当は大事なことなんだということに気がついている人たちは、地球の文明・文化のなかにも優れたものがあるということが見える。

それに気がつかない人たちは、唯物的にこの世を見る考えだけでいけば、もう、「進んでいるか、劣っているか」だけで見るので、進んだ者は劣った者を潰《つぶ》せる。だから、今の中国なんかが向かっている方向は、要するに、「この世的に優れたら、ほかの者を奴隷にできる」という、「隷従させられる」という考え方だな。

4 「民主主義と全体主義の戦い」の奥《おく》にある光と闇《やみ》の攻防《こうぼう》

闇の支配者たちが宇宙の空間を切り裂《さ》いてやって来る目的とは

質問者B　今、だいたい四千八百年前ぐらいのお話を頂きました。六千年ぐらい前のメタトロン様のときにも、もしかしたらアーリマンの介入《かいにゅう》があったのではないかと言われているのですが、いわば、その対決のテーマが、今のお話にとても関連してくるのではないかと思うのです。

ゾロアスター様から二つ前の、今から六千年前ぐらいのときのアーリマン出現のときには、メタトロン様はどんな感じでそこに立ち向かったのか。何をもって立ち向かったのか。どんな武器で立ち向かったのかというあたりについて、何かコメントを頂けましたらとてもありがたいのですが。

ゾロアスター　メタトロンは、比較《ひかく》的、イエス関連のものとしては〝強いほう〟ではあるのだけれどもね。「強い光」ではあるのだけれども、イエス関連の人たちの仕事が、やっぱり歴史的には〝生贄《いけにえ》の子羊〟になるケースが多いので。だから、「悪魔《あくま》にやられて復活してみせる」というような考えのほうがわりに多いので。

うーん、まあ、この上に、イエスをまたそういう生贄で送り出している人がいるのだろうとは思うが。

うーん……、まあ、アーリマンはおそらく、でも〝地球産〟ではないから、宇宙の空間を切り裂《さ》いて出てきたものだろうと思うんだよ。

やつらも、不利になる、居心地《いごこち》が悪くなると消えていくんだよな。宇宙の彼方《かなた》に消えていくから、分からなくなる存在なんだけれども。

まあ、私が聞いているのには、何て言うか、ちょっとね、「宇宙の構造論」もな……、まあ、私はちょっとまだ地球の、地球人の〝劣性遺伝子《れっせいいでんし》〟が残っているから、ちょっと頭が足りないのでよく分からないのだけどもな。よく分からないのだけれども。百年後ぐらいの物理学者だったら、もうちょっとよく分かるかもしらんとは思うのだけれども。宇宙の構造がそんなに単一ではないらしいということは分かってはいるのだけれどもね。

だから、今、「地球での攻防戦《こうぼうせん》」を言っているけれども、「宇宙での攻防戦」が行われているらしい。宇宙で、まあ、世界は暗いけれどもね、宇宙は暗くてあれなんだけれども、そのなかでさらに、何て言うか、「光の宇宙」と「闇《やみ》宇宙」とがどうもあるらしいという。

もとは、だから「闇」しかなかったものを、「光」を創ったものがいらっしゃるのでね。

光を創って、光の文明を広げようとされた方がいて、それだけが本当の「始原《しげん》の神」かどうかといったら分からないところがあって。（一方で）「もともとの宇宙は、原初、ダークマターであった」という考えもあるわけで。「この宇宙は、沼《ぬま》の底のようなものが宇宙であった」と。それに〝光を入れよう〟としたやつこそ、〝反乱〟と言えば〝反乱〟でもあるわけだから。

その闇宇宙の勢力たちが、次第《しだい》しだいに、この何百億年かの間に追い込《こ》まれてきつつあるのは事実で、彼らは彼らの〝逃《に》げ場〟をまたつくっているから。私のような乏《とぼ》しい知識を持っている者から見ても、宇宙がいわゆる「パラレルワールド」になっているというのは、どうもそうらしいということは分かる。

だから、その闇の支配者たちといわれる者たちが、もう一つの「逆宇宙」に住んでいて、それから今、君たちが属している宇宙に出てこられる地点が、幾《いく》つかあいろいろなところであるらしいということは分かっている。

そこから出てきては、文明が発展してきたところに介入してきて、この「光の宇宙を創ろうとする神の試み」を挫折《ざせつ》させようとして出てきているのではないかというふうに思うんだよな。

「フランス革命」にも光と闇《やみ》の両方が入っていた？

質問者B　出てこられる地点がパコッと開《あ》いてしまうのには、やはり理由があるのでしょうか。例えば、地球なら地球、あるいは別の星なら星にその理由があるという。

ゾロアスター　君たちの言葉を使うとすれば……、地球にいる人たち、ある国の人たちが、国が大きくなってきて力を持ってくるんだけれども、まあ、「軍事力」

も持ってくるけれども、それが、君らの言葉で言えば、「全体主義的な感じ」のものになって、「ほかの考えは許さない」「異論は許さない」と、「一つの中国以外にありえない」と……、例えばね。

そういうふうな考えを持った人は、過去、いくらでもいるわけだよ、こんなのは。いっぱいいいっぱいいるわけで、「独裁」「専制型」のやつはみんなこれだから。そういうふうになってくると、他のものを滅《ほろ》ぼしてしまう力として働くようになるわけだよね。

だから、「フランス革命」みたいなものでも、どちらだか分からない。両方入っているのではないかと言われているんだが。「光と闇《やみ》が両方入っているのではないか」と言われる。「暗黒の部分」も入っているような感じがするので。

だから、ああ、地球神も大変だなあ、本当な。これは大変だと思う。

アーリマン的なものが働いた、ペルシャ帝国《ていこく》の「全体主義」

質問者B　今のお話ですと、やはり、冒頭《ぼうとう》で総裁先生のほうから、「よい革命と悪い革命がある」というお話があって、その「悪い革命」の代表例の出発点がフランス革命ではあるのですけれども、あれが全体主義的なほうに引っ張られていった部分に関しては、アーリマンなんかも影響《えいきょう》を与《あた》えていたという感じも……。

ゾロアスター　うーん、だからさあ、時代考証としてはどのくらい、いつごろになるか知らんが、ペルシャが、ダレイオスのころなんかも、ものすごく強大になったときなんかも、そのアーリマン的なものは働いていたと思うんだよ。

質問者B　ああ、そうですか。

ゾロアスター　うーん。

質問者B　これは、なかなかすごい情報ですが。

ゾロアスター　君たちは、そうだねえ、私のこの貧弱《ひんじゃく》な知識から見ると、「300〈スリーハンドレッド〉」とかいうのが、何かあったと思うんだが。

ギリシャの、あれはスパルタか何かの王様が、ダレイオス王の息子《むすこ》のクセルクセス王の率《ひき》いるペルシャの強大な何十万人もの軍隊が攻《せ》めてくるのを、三百人の勇士と戦って。峡谷《きょうこく》で待ち伏《ぶ》せして、通さないと言って戦って、全員討《う》ち死にする壮絶《そうぜつ》な物語が、確か人気のある映画であったと思うのだけれども。

あれはもう、なだれ込むような「全体主義」ですよ。専制君主がいてね、民主主義的な、個人の英雄《えいゆう》を認めるような思想を持った国たちが打ち破られる話ではあるんだよな。

質問者B　そうしますと、いわゆる一般《いっぱん》的な東洋と西洋の覇権《はけん》戦争といいますか、その教科書的な解釈《かいしゃく》とは別に、実は、あの「ギリシャ・ペルシャ戦争」というのは、神の目から見た正義の戦いとしてあった可能性があるという。

ゾロアスター　だから、今のねえ、いやあ、そちらのスパルタも、もうそれで滅ぼされるところが来ているけれども、アテネのほうもペルシャに滅ぼされてね。

地上のほうの「アテネ神殿《しんでん》」、今、あなたが知っている「パルテノン神殿」とか、みんな焼け落ちてしまっただろ。古代のころのギリシャの神というのは、ここにも来ている神様のはずだが。

（アテネの神殿は）焼け落ちて、今、廃墟《はいきょ》になっているじゃない。

で、「アテネがまだ存在する」と言って戦ったのは、〝海上〟で戦ったのだよ。船に乗って、船での戦いだけで抵抗《ていこう》して戦って撃退《げきたい》した。地上では勝てなかったので、アテネの、要するに〝首都は地中海にあり〟ということで（笑）、戦ったらしいから。

だから、民主主義と言うけれども、いやあ、ごく弱いもので。で、「巨大《きょだい》な全体主義」にはやられてしまって。

それで、軍隊を増やさなければいけないので、当時、軍隊に入るのには市民権が要《い》ったので、それで農民たちもみんな、このアテネ市民に取り立てて、軍隊を増やしたりする。これが民主主義のもと、まあ、「ギリシャ型」のだけれどもね、民主主義のもとはそういうことで。

要するに、四民平等の思想は、「戦うことによって市民権が得られる」、「国を護《まも》るために戦う、祖国防衛のために戦うなら、それは市民として認められる」という、「シチズンだ」ということで。まあ、そんな巨大な国家を相手に戦うには、これしかないわな。

「全体主義」は、自由な発想を持つ人間をサイボーグのようにする

質問者A　つまり、「光と闇の戦い」というのは、ある面で、「全体主義 対 真なる民主主義の戦い」という構図もあるということですか。

ゾロアスター　でもねえ、進んだもの、強いものは、必ず「全体主義」のほうに近づいていくからね、一般に。

大きくなって、それでかつ、「個々人に対して優《やさ》しい」とか、「その才能を伸《の》ばす」とか、「自由を認める」とかいうのは、いや、まあ、そういう全体主義を経

験した者から見れば〝弱さ〟につながる。

だから、旧ソ連で言うと、ペレストロイカ（改革）をやったゴルバチョフのような。ソ連での人気はものすごく悪いよね。「国を滅ぼした人間」といわれて、悪いけれども。そういう「自由」とか「情報公開」をやった者は、〝ああいう運命になる〟ということを見せつけてしまったので。

今の中国があれだけ頑《かたく》ななのは、「情報公開」と「自由」を与えたら国が滅びるということを、彼らは知っているからで、もう完全に「洗脳国家」になっているわな、一元管理して。もう本当に、カメラ監視《かんし》と、ＡＩによる全部のチェックでしょう？　ＡＩチェックをやっていて。

だから、本当は「民主主義」に奉仕《ほうし》すると思われていた、そうした情報ツールが全部、「全体主義」のほうに今は使われようとし始めて。効率がいいんだよな。

質問者Ａ　経典《きょうてん》『地球を見守る宇宙存在の眼』（前掲《ぜんけい》）では、Ｒ・Ａ・ゴール様からのお言葉もあるのですけれども、その「あとがき」で、大川隆法総裁先生は「アーリマンは、ＡＩによる人類管理と、独裁の効率化を押《お》し進めようとしている。」という一文を書かれています。

つまり、「今ある情報も独裁につなげていく」ということで、結局、その目的は「支配していく」という構図ですか。

ゾロアスター　ああ、君らだと、映画で言うと「スター・ウォーズ」とか知っているだろう。「帝国軍《ていこく》の軍隊」はみんな〝真っ白〟の、何か同じではないか。

質問者Ａ　ああ、ああ。はい、はい。白い装甲服《そうこうふく》の兵士の……。

ゾロアスター　ロボットみたいだな。サイボーグみたい。「個性がまったくない」だろう。

質問者A　はい。

ゾロアスター　あれは「全体主義」よ。あれはね、いわゆる。

質問者A　ああー……。

ゾロアスター　あるいはグレイ？　君たちが情報として知っている、グレイといわれるサイボーグ型の宇宙の使用人たちは、みんなこうだけれども。

要するに、人間はもうちょっと自由な発想とクリエイティブな頭脳を持っている魂《たましい》であるのに、それをグレイや、そういう〝帝国軍の兵士〟のように変えていこうとする力が一つ働いているんだよ。

質問者B　まさに、そういう「スター・ウォーズ」のなかで出た帝国軍みたいなことを、中国ないしは人民解放軍が、今、着々とやろうとしているということを、次号で暴《あば》くのですけれども。

ゾロアスター　なかに、だから中国のなかに、ダース・ベイダーがいて、シス卿《きょう》がいるわけだよ。それを倒《たお》すのが君らで、〝チャンバラ〟でね、ライトセーバーで戦わなければいけない。

5 「ウォーク・イン」による中国への介入《かいにゅう》

二〇二七年ごろ、あらゆる面で中国がアメリカに勝つようになる？

質問者B　そうなりますと、やはり、現代中国の問題にも少し入らざるをえないのですが、中国は実際に、今まさにそういった動きをしていて、ある意味では、コロナというのはその第一弾《だん》にすぎないというようなところがありましたので。実際、そういう方向に引っ張っていっている存在、あるいはインスピレーションが、やはり中国に対して具体的に働いていると理解してよろしいのでしょうか。

ゾロアスター　いやあ、「成功」したんだよ。中国はアメリカに勝ったんだよ。

トランプを落とすことに成功したというのは、すごいことなんだよ。

だいたい二〇四〇年から二〇五〇年ぐらいのあたりに、米中の戦力が入れ替《か》わる可能性があると予想されていたのが、もっとガーッと早まって。まあ、今はちょっと、バブルで大きくは見せているが、実態としても……。今二〇二一年か？　二〇二七年か八年ぐらいには、米中は完全に、あらゆる面において中国がアメリカに勝つ状況《じょうきょう》に……。もう本当に数年だよ。

なぜ二〇二七年かというと、まだ習近平《しゅうきんぺい》が実権を持っているのはそのあたりなので。それまでにやるつもりでいるからさ。

だから、まあ、君たちの、アメリカでのFOX《フォックス》ニュースにかけた、ニューヨーク支部の英語の宣伝番組か何かに出ていたようだけれども。トランプが、例えば、「ジョージ・ワシントンの生まれ変わりだから、大統領にならなければおかしい」という考えもあるけれども、二〇一〇年の大川隆法の予言で、敵はまだ主席にもなっていない習近平……、これが「ジンギス・ハン（チンギス・ハン）の生まれ変わりだから、二〇二〇年までにアメリカの覇権《はけん》を終わらそうとするだろう」ということを、大川隆法が十年前に予言している。

だから、あれを、君たちの流した……、国際本部もやったかもしれないけれども、英語ニュースのなかに、「ジョージ・ワシントンの生まれ変わり」と、それと「ジンギス・ハンの生まれ変わり」と両方が出てきて。で、「こちらはけっこう手強《てごわ》いですよ」と、「二〇二〇年にアメリカの覇権を終わらそうとしていますよ」と。当たっている。的中しているじゃないか。

戦ってみたらジョージ・ワシントンよりチンギス・ハンが強かった

ゾロアスター　ジョージ・ワシントンとジンギス・ハンは戦ったことがないからね。どちらが強いかは、まあ、やってみたら、ジョージ・ワシントンよりジンギス・ハンのほうが強かったということですよ。

なぜかというと、ジョージ・ワシントンはイギリスから独立するために独立戦争をやって。税金を払《はら》いたくないから、「税金をまけろ」と言って、お茶の税金をまけさせるために独立戦争をして、〝ゲリラ〟をやっていたのがジョージ・ワシントン。だから、まあ、ベトコンみたいな戦いをやっていたわけだよ、大英帝《てい》国《こく》に対して。

（中国は）大英帝国よりさらに大きいものを目指している国だから。「世界帝国」をジンギス・ハンはつくった。唯一《ゆいいつ》の中国初の国家だからね。ヨーロッパまでやられているんだから、あれに。

おまけにペスト菌《きん》までばら撒《ま》いたという話もあるぐらいだから、あの当時に。ヨーロッパにペストがいっぱい流行《はや》ったり、変な天然痘《てんねんとう》が流行ったり、いっぱいしているんだけれども、ジンギス・ハンのおかげでいろんなところの病気を全部連れていったという。各地の風土病をいっぱいヨーロッパに持ち込《こ》まれた。それまで入ってこなかったものがいっぱい入ってきて、それに免疫《めんえき》がないからコロコロ、人が死んでいったといわれている。

だから、「十字軍でペストが流行った」と言っているけれども、それがそうかどうかは分からないよ。だって、ヨーロッパは昔から砂漠《さばく》地帯とは交流があったから。だから、免疫はあったはずなので。免疫がないのは、この東のほうのモンゴルのほうから来るやつ、あるいは、東南アジアのほうから来る病気については、ヨーロッパのほうは免疫がない。だから、病気も一緒《いっしょ》に持ってきて戦った。

だから、今と同じことだよ。

読売新聞のバカが……、「『これは兵器だ。ウィルスが兵器だ』というようなことを言うのはデマだ」みたいなことが書いてあったけれども、「デマだと思うのがアホだ」と言っているんだという。このくらいもうやっているんだから、現場では。

科学の現場には善悪はないんだって。やれることは何でもみんなつくろうとするので。それで「しまった」と思ってから、原爆《げんばく》を落としてから、「ああ、原爆のない世界をつくろう」なんて言うのが、科学者のバカさ加減はそういうことなので。

アインシュタインだって、原爆をつくることを実現させておいてから、あとから、「ああ、原爆のない世界を……」とか、ねえ？　まあ、オバマさんみたいなのもねえ、原爆を落としておいてから、「ああ、平和な世界はいいですね」みたいなことをあとで言うだけなので。現場は、もうそういう、「より強力なものは何か」というのをどんどんどんどんやり続けているからさ。

これ、初めてじゃないんだよ、ウィルス兵器。昔もやっているんだよ、うん。

質問者B　まあ、SARS《サーズ》もそうではないかとも……。

ゾロアスター　いや、あれも、もう何回も実験しては、失敗したり、中途半端《ちゅうとはんぱ》になったり、いろいろしているんだろうとも思うけれどもね。

質問者B　ええ。今の習近平対策に当たる部分は、あとでまたしっかりお訊《き》きしたいと思います。

習近平《しゅうきんぺい》はウォーク・インされ、人格が変化している

質問者B　今日はこういう場ですので、あえて中国に関してはちょっとオカルトチックなご質問をさせていただきます。

ゾロアスター　あっ、もうオカルトで行こうよ！（幸福の科学エンゼル精舎応《しょうじゃおう》援歌《えんか》「自助論で行こうよ」のメロディーで）「オカ〜ルト〜で行こ〜うよ♪」という歌をつくるべきだよ！

質問者B　ええ。

ゾロアスター　もう科学……、グレタに負けるよ。「科学、科学」言っていたら、本当に。

質問者B　ちょっとオカルトっぽい質問をさせていただきますと、先般《せんぱん》の、ヤイドロンさんの霊言《れいげん》というか、お言葉のなかで、「アーリマン、要するに闇《やみ》の宇宙系が中国に影響《えいきょう》を与《あた》えているよ、入り込んでるよ」という話をされているのですが、そのおっしゃり方が、霊的に影響を与えている、ないしはインスピレーション等々を与えているだけというようにも解釈《かいしゃく》できるのですけれども、彼らはボディシェイプ（変身）とかができますので、実際に今の中国人とか、そういったところに三次元存在として紛《まぎ》れ込んでいる、あるいは入り込んでいるとも解釈できる言い方をされていました。それでちょっとドキッとはしたのですが。

ＵＦＯリーディングなどをしますと、ときどきあちら系のＵＦＯが実際に三次元で写真で撮《と》れたりとかしますので、そこに乗っている、人間というか生物のようなものも、単なる霊的な影響だけではなく、紛れ込んでいて、それこそ、以前の、四千八百年前の再現のようなことを、後ろからマニピュレート（操作する）しているのかなという感じもしないでもなかったのですが。

ゾロアスター　ああ……。それはねえ、教えておいてあげるよ。

まあ、君たちももう気がついているかもしれないけれども、「ウォーク・イン」というやつな。

現実にねえ、だから、この世に生まれてね、赤ちゃんからやって、これが大きくなって、これが国家主席になるかどうかと、ここまで見るのはこれは長い話で、宇宙的な速度から言うと、ちょっともうやっていられないぐらいまどろっこしいから。そんなのやっていないで、現に生き残ったやつ、「こいつ、使えそうだな」というやつを狙《ねら》って「ウォーク・イン」するんだよ。

質問者A　いわゆる相手の魂《たましい》に宇宙人の意識が〝横入《よこはい》り〟するということですか？

ゾロアスター　ああ、うん。だから、映画で「アバター」とか、あっただろう。

睡眠機《すいみんき》みたいなのに入って、なかへ入ってしまう。うーん、だから、いやあ、地球人の体を乗っ取るんだよ。

だから、習近平《しゅうきんぺい》も明らかにねえ、国家主席になってからは人格は変化しているよ。

質問者B　じゃあ、習近平も……。

ゾロアスター　入っている。

質問者B　入っている？　ウォーク・インされている？

ゾロアスター　入っていると思う。

質問者B　入っている？

ゾロアスター　うん。

質問者B　ああ。

ゾロアスター　だから、まあ、本人の魂もあるけれども、どうせ宇宙のほうのやつが進化しているのに決まっているから。勝てるわけがないから。もっと、彼に、「彼自身の支配欲を完成させてやる」という、「お手伝いしてやる」というような感じで入ってくるから。

質問者B　ああ、増幅《ぞうふく》させているものが、ウォーク・インで入っているということですね。

ゾロアスター　だから、昔よりねえ、強くなっているわけだよ。うん。

質問者A　はああ……。「あるときから人格が変わってしまう」ということですか。

ゾロアスター　うん、だからね、「後継者《こうけいしゃ》は誰《だれ》ですか」とか君らは訊くけどさあ、あんなにすぐに処刑《しょけい》される国でさあ、そんなものねえ、はっきり分かったら困るわけだよ。だから、選ばれた人に入るだけ。ウォーク・インしてくるから。

愛読者プレゼント☆アンケート

『ゾロアスター 宇宙の闇の神とどう戦うか』のご購読ありがとうございました。
今後の参考とさせていただきますので、下記の質問にお答えください。
抽選で幸福の科学出版の書籍・雑誌をプレゼント致します。
（発表は発送をもってかえさせていただきます）

1 本書をどのようにお知りになりましたか？

① 新聞広告を見て［新聞名： ］
② ネット広告を見て［ウェブサイト名： ］
③ 書店で見て　④ ネット書店で見て　⑤ 幸福の科学出版のウェブサイト
⑥ 人に勧められて　⑦ 幸福の科学の小冊子　⑧ 月刊「ザ・リバティ」
⑨ 月刊「アー・ユー・ハッピー?」　⑩ ラジオ番組「天使のモーニングコール」
⑪ その他（ ）

2 本書をお読みになったご感想をお書きください。

3 今後読みたいテーマなどがありましたら、お書きください。

ご感想を匿名にて広告等に掲載させていただくことがございます。ご記入いただきました個人情報については、同意なく他の目的で使用することはございません。

ご協力ありがとうございました！

郵便はがき

料金受取人払郵便

赤坂局
承認

7468

差出有効期間
2021年10月
31日まで
（切手不要）

1 0 7-8 7 9 0

112

東京都港区赤坂2丁目10−8
幸福の科学出版（株）
愛読者アンケート係 行

フリガナ お名前	男・女	歳
ご住所 〒 都道府県		
お電話（ ） −		
e-mail アドレス		
ご職業 ①会社員 ②会社役員 ③経営者 ④公務員 ⑤教員・研究者 ⑥自営業 ⑦主婦 ⑧学生 ⑨パート・アルバイト ⑩他（ ）		
今後、弊社の新刊案内などをお送りしてもよろしいですか？ （はい・いいえ）		

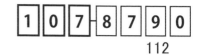

質問者A　権力のある人を狙っていると。

ゾロアスター　だから、この人が生まれつき誰それの……、例えば「ゾロアスターの魂です」みたいに言ったら、殺しに来る。すぐ殺されるからさ。そんなことはねえ、非効率だからね。

まあ、「いける」と思うやつに入り込んでくる。

分裂《ぶんれつ》ばかりしている中国では、国家の統一をした人が〝神〟？

質問者C　人類としては、それを見破る方法とか、戦う方法が要《い》ると思います。光と闇の長い戦いのなかで、何か智慧《ちえ》というものはあるのでしょうか。

ゾロアスター　うーん、まあ、アメリカでさえ共和党と民主党と二つ、考えがあるわけだからさあ、いやあ、どちらも光に近づくことも闇に近づくこともありえるんでねえ。だから、分からないいんだけれども。

中国はだって、民主主義を経験したことがない国だからね。〝永遠の全体主義〟に……、永遠ではないけれども、少なくとも、まあ、二千何百年……、二千年以上は全体主義の国なので。もうあそこの悲願は一つしかないんだよ、「国家の統一」。これをやった人が〝英雄《えいゆう》〟であり、〝神〟なんだよ。

いつも分裂《ぶんれつ》して、異民族だらけ。いっぱい入っているからね？

だから、今の中国だって、ヒットラー並みのプロパガンダをいっぱいやっているわけだよ。「台湾《たいわん》も中国だ」と言っているし、「香港《ホンコン》も中国だ」と言っているし、まあ、日本も中国なのかもしらんけれども、彼らには。まあ、「沖縄《おきなわ》とかもそうだ」と言うのかもしらんけれども、全然違《ちが》うんだよ。

今のね、北京《ペキン》の言葉？　北京語という彼らの普通語《ふつうご》？　標準語は、これは清朝《しんちょう》にできたものなので。これは民族的に見ると、あちらの華北《かほく》の何だ？　何族っていうのかなあ？　うーん……、満州族《まんしゅうぞく》。

質問者Ａ・Ｂ　満州族。

ゾロアスター　満州族の言葉なんだよ、北京語というのは。百年前ぐらい、成立は百年遡《さかのぼ》らない。この百年以内のものなんだよ。共産党の歴史と変わらない。だから、満州族の言葉を……、彼らが支配していたから、清朝として。北京で使われていた満州族の言葉を、これを標準語と称《しょう》して広めようとしているわけだよ。

だから、香港にいる人たちの言葉は全然違う言葉なんだよ、人種が違うから。だから、漢《かん》民族でもないし満州族でもないんだよ、香港にいる人たちは。彼ら独自の言語を持っていて、この言葉の違いは、英語、スペイン語、イタリア語、フランス語ぐらいの違いぐらい差があるので。だから、香港の言葉とも、あるいは広州《こうしゅう》あたりの言葉とも違う。

幻想《げんそう》を抱《いだ》かされて、もともと全部一緒の民族だったみたいに言われているけど、違う。

そういう満州族に支配されたときもあれば、それから、モンゴルに支配されたときもあれば、今はウイグルがやられているけれども、ウイグル系のものに支配されていたこともあるし、本当にいろんなものに入られて、王朝ごとに、実は民族が違うので。

だから、今のが〝永遠普遍《ふへん》の中国〟だと思ったら大間違いで。それはもう全部〝張りぼて〟で、〝上に被《かぶ》っているだけ〟なんですよ。

だから、「あれは毛沢東《もうたくとう》から始まったものだ」と思わなければいけないね、うん。

質問者B 「今の習近平がウォーク・インされている」というのは、アメリカは、軍部のほうは自分でウォーク・イン実験をやっていますので、今回、情報公開をしますと、アメリカの枢要《すうよう》なところは信じますので、これは目茶苦茶《めちゃくちゃ》すごい〝威《い》力《りょく》のある武器〟になりますね。

ゾロアスター 習近平、やられているよ。完全に入っているよ。だって、急に強くなっただろう?

質問者B ええ。

ゾロアスター　うん。頭悪いのにさあ、急によくなったようにも見えるようなこともやっている。

質問者B　まあ、悪辣《あくらつ》さは、かなり増しましたしね。

「習近平《しゅうきんぺい》の娘《むすめ》だって、もっと強力なのが入っているかもしれない」

質問者B　幸福の科学でないと分からないような、その霊的な、宇宙的な情報というのは、情報公開されると、これがかなり効くと思います。もし、ほかにウォーク・インしている方がいらっしゃれば、名指ししていただいても結構ですが。

ゾロアスター　いやあ、「習近平《しゅうきんぺい》の娘《むすめ》」だって、もっと強力なのが入っているかもしれない。

質問者B　あっ、娘も？　入っている？　ええ。

ゾロアスター　習近平は偉《えら》そうに……、（中国が）「ＡＩ全体主義」の国になっているけれども、彼は本当は〝機械は全然駄目《だめ》〟だから。普通の日本の田舎《いなか》のおじいさんと一緒で、その年代の人だったらもうみんなギブアップ。幸福の科学で支部長ができなくなるような、機械が使えない人だから。娘はできる。

質問者A　娘の習明沢《しゅうめいたく》は、今、ＡＩによる監視《かんし》社会を推《お》し進めている管理者というか、推進者であるともいわれています。

ゾロアスター　そうだ。陰《かげ》の実力者だよな？　うん。ハーバードに留学してな。

質問者Ａ　ハーバード留学ですね、はい。

ゾロアスター　うん、うん。だから、ハーバードに行った人たちも、まあ、ほかの大学もあるけれども、中国から行った人たちは、これは人民解放軍の息がかかった方々で、もう生まれつき洗脳されている方々であるので。スパイのためにみんなアメリカに留学して、アメリカの技術を盗《ぬす》んでくるということを目的に行った人たちだからね。

だから、アメリカは、今、ハイテクのところはもうみんな防衛に入っているけれども、もうだいぶ盗まれているから、そうとうの。だって一緒の企業《きぎょう》で働いているんだからさ、中国人でアメリカの大学を出ていたら就職できるもんな。そこで学んで帰ってくる。だから、技術は盗まれ続けているわけだよ、うん。

幸福の科学の教義の実践《じっせん》でウォーク・インを撃退《げきたい》できる

質問者A　これに対しては、「宗教的な祈《いの》り」とか、そういう「念の力」とかで何か対抗《たいこう》することはできないのですか？

ゾロアスター　いやあ、〝原始人〟の戦い方だな。

質問者A　原始人……（苦笑）。

ゾロアスター　まあ、それは、いわゆる、あのアフリカのズールー神にでも頼《たの》んでバッタでも飛ばすしか、もう方法はないんじゃないかなあ。「コンピュータ 対バッタ」はどちらが強いかというのは、まあ、〝異種格闘技戦《かくとうぎ》〟だな。

質問者B　ある種、「ウォーク・イン撃退法《げきたいほう》」のようなものというのは……。

ゾロアスター　いや、それは、幸福の科学が教えていることですよ。

質問者A　ああ。どういうところですか。

ゾロアスター　だから、「教義」と「精神統一」。

うーん、それから、「正しき心の探究」、「愛・知・反省・発展」？　これをやられたらウォーク・インできないんだよ。

質問者A　あっ、心を統御《とうぎょ》するとウォーク・インできなくなる？

ゾロアスター　うん。だから、幸福の科学の教えはウォーク・インされないような方法だから。

質問者A　そういうことなんですか⁉

ゾロアスター　できないよ、これ。

質問者B　基本的には教義の中身には同通していないから……。

質問者A　波長《はちょう》が同通していないから、ウォーク・インしようとする相手とは不同通になり、つながれない……。

ゾロアスター　うん。教義的には、その地球系の、この高級霊界《れいかい》と同通するような精神をコントロールする方法だから。これ、ウォーク・インできない。

要するに、〝地球産〟の悪魔《あくま》や地獄《じごく》霊も入《はい》れないけど、宇宙からの、地球人を支配しようとする勢力も入れないんだよ。この教えが広がると、入れなくなるんですよ。

質問者Ａ　幸福の科学の教えが広がると、ウォーク・インできないような状況が磁場《じば》としてできてくると？

ゾロアスター　うん、できない。できなくなる。

質問者A　できないのですね。もう入れなくなるのですか?

ゾロアスター　エル・カンターレにつながってしまうから。だから、入ったら、すぐに反応が出るから。

質問者B　分かってしまうわけですね。

ゾロアスター　うん、分かってしまう。

質問者B　なるほど。

悪の宇宙存在の考える「世界のシナリオ」とは

質問者C　アーリマンなる悪の宇宙存在による悪いシナリオというか、意図や、企《たくら》みを見極《みきわ》めておく必要があると思います。

例えば、今、米中の戦いでは、中国が勝ちそうですが、人類の歴史のなかには、悪が優勢になる時代もあったと思います。それがずっと加速していった先には、どんな世界があるのでしょうか。あるいは、宇宙からの介入《かいにゅう》とか、そういうシナリオが先に控《ひか》えているのでしょうか。

ゾロアスター　自分たち――まあ、「自分たち」っていうのは、悪い「悪質宇宙人」系のことだけれども――の考え方に〝染まらないようにするような思想〟を持っている民族・文化等は滅《ほろ》ぼしていくことが（彼らにとっては）大事だろうね。

そうしないと、(彼らは地球に)入ってこれなくなるから。〝そういうもの〟を、要するに、取り除《の》けていかねばならないから。

まあ、中国が考えているのはさあ、十四億人いて、世界に散らばりし華僑《かきょう》、中国系の人たちはもっといるから、二十億人ぐらいはいるかもしれないけれども、地球の食料と資源を考えたら、もう有限で先は見えているから、「中華系が繁栄《はんえい》して、ほかのものは基本的に滅びるか、奴隷《どれい》階級に落として貧しく生きていただく」と。まあ、大雑把《おおざっぱ》にはそういう構想だと思うな。

質問者C　今までの宇宙系の霊言によると、人類を家畜《かちく》のように見て、奴隷化しようという悪い企みもあるように思うのですが、何か、そういう世界を意図している者がいるのでしょうか。アーリマンの考えていることの先には、そういうことがあるのだろうかという疑問があるのですけれども。

ゾロアスター　まあ、大川総裁がどうして民主主義をそんなに擁護《ようご》するのか、よくは分からないけれども。

「この世に生まれた人が、神から出ている、要するに、天から出ている人か、そうでないか」っていうのはなかなか分からないからね。だから、「『思想の自由と寛容《かんよう》さを認めて、それを戦わせることで、みんなが見れば分かってくる』ということを善意で信じる」という、ちょっと遠回りな考えなんだろうけどね。

まあ、彼らはもう、「最初からドグマを押《お》しつけて、全部それでプレスしていく」かたちで、豚《ぶた》に番号を押しているのと一緒のやり方だから。毛沢東のとき、『毛沢東語録』だけをみんな読んでいれば、あとはもう全然読む必要はないっていう思想で、ほかの人は全部排除《はいじょ》していっていたわな。

だから、そういう、「矛盾《むじゅん》したものまで許容できるか、できないか」のところは大きいと思うんだけど、特定の人の利益に必ずなるような考え方を押しつける。まあ、共産党は今そういうところで。

唯物論《ゆいぶつろん》が強い中国の資本論は、「金《かね》こそ神」になっている

ゾロアスター　実際は共産党自体のあり方は、要するに、唯物論《ゆいぶつろん》が強いとどうなるかっていうと、「お金の持つ力」というのはもっと強くなるんですよ。だって、この世で〝神に代わって力を持っている〟のはお金なので。「あの世はない」んだから。ねえ？

神も仏も、天使も菩薩《ぼさつ》もいない。悪魔もいなければ、何もいない。

「怖《こわ》い」のは、お金があるかないかだけの問題。だから、お金の力は増すんですよ。十倍以上増すわけだよ、そういう宗教思想を持っている人に比べて。

宗教思想を持っている人は、清貧《せいひん》でも耐《た》えられる。無一物《むいちもつ》でも耐えられる。なあ？　給料が低くても耐えられる。

しかし、唯物論になったら、やっぱり何百億と稼《かせ》げる人は、そりゃあ、「やった、やった」だよな。だから、けっこう金満主義と合うから、資本論は今、違ったものになっているよ。

中国型資本論は「金《かね》こそ神」だよ。だから、マモンの神、バアル信仰《しんこう》につながっているんだよ。

6　共産主義の奥《おく》に潜《ひそ》むものの正体とは

自由に取材させず、悪いところを見せないのが、共産主義国の手口

質問者Ａ　一九三〇年代の世界大恐慌《だいきょうこう》のとき、「ソ連だけが繁栄《はんえい》しているのはおかしい」ということで、英国の若い記者がソ連に行って秘密を暴《あば》くという映画が最近ありました。「赤い闇《やみ》　スターリンの冷たい大地で」という映画ですが。

それによると、世界恐慌ですべての国が経済破綻《はたん》を起こして駄目《だめ》になっていっているのに、ソ連だけが近代化を目指して繁栄しているように見えていたのですが、よく見たら、ウクライナの穀倉地帯の食料を全部取ってしまっていた。

ゾロアスター　奪《うば》ってねえ。

質問者A　はい。没収《ぼっしゅう》して、奪ってしまったようでした。

ゾロアスター　全部それをモスクワに持ってきて。だから、外国人はモスクワにしか来れなくて、そこでは〝繁栄しているソ連〟だけ見せられる。これは平壌《ピョンヤン》でもやっているし。

質問者A　はい。北朝鮮《きたちょうせん》とかとそっくりです。

ゾロアスター　北京《ペキン》でもやっている。だから、日本の特派員等も、いろんなところにあったのが、全部、北京総局みたいに集められているよな。自由に取材なんかさないで、繁栄しているところだけ見せて、悪いところは見せないようにしていく。これはもう昔からやっている手口だよな。

皇帝《こうてい》と貴族を一掃《いっそう》したレーニンとスターリンは、ロシア人には「英雄《えいゆう》」？

質問者B　共産主義の淵源《えんげん》、始まりのところに関して、アーリマンの探究という文脈から明らかにしなければいけないだろうと考えていますが、グレタさんとも今、霊的《れいてき》に関係しているといわれているレーニンや、そもそものマルクス、それからスターリンなどが地上に出てきたとき、アーリマンは実際、彼らに影響《えいきょう》を与《あた》えていたのでしょうか。

毛沢東《もうたくとう》の場合は明らかになりつつあるのですけれども、そのへんの「共産主義の系譜《けいふ》」のところについてはいかがでしょうか。

ゾロアスター　それはねえ、君たちにも危険が及《およ》んでいるんだよ、もうすでに。だから、君たちのモスクワ支部の人たちは、「スターリンの霊言《れいげん》はどうなのか」「レーニンの霊言は出ないのか」って言って……。翻訳《ほんやく》されてないよな？　したらまずいから、してない。日本語でしか出てないようだから。

彼らにとっては「英雄《えいゆう》」なんですよ。

だから、東郷平八郎《とうごうへいはちろう》に破られた旧ロシアの貴族制社会は、革命が起きて、次はそれが「共産主義革命」につながっていって、それは成功したことにいちおうなっているから。

質問者A　えっ！

ゾロアスター　要するに、それはそうですよ。

質問者A 〝成功〟ですか。

ゾロアスター それはそうですよ。だから、「皇帝《こうてい》からそういう貴族たちまでを全部一掃《いっそう》して、民衆の手に権力が下りてきたわけで。毛沢東と同じですよ」というこになっているから、レーニンもスターリンも、彼らにとっては「英雄」でなければ。

質問者A しかし、彼らは自国民を数千万人も殺しているのですけれども……。

プーチンが悪質宇宙人にウォーク・インされない二つの理由

質問者B 今の点ですが、ロシアは、プーチン体制下である間は大丈夫《だいじょうぶ》かなと思うのですが。

ゾロアスター　いや、プーチンも〝ずっと狙《ねら》われている〟んだよ。

質問者B　ええ、狙われているとは思うのですけれども。

ゾロアスター　ずっと狙われているんだけど。まあ、プーチンも独裁者体質を持っているからずっと狙っているんだけど、二つのものがウォーク・インを阻《はば》んでいるんですよ、今。

質問者A　ウォーク・インを阻むものが二つ？

ゾロアスター　うん、うん。

質問者Ａ　それは、何でしょうか？

ゾロアスター　一つは、彼はロシア正教に帰依《きえ》して、「神」を信じているんですよ。これが一つ。

もう一つは、柔道《じゅうどう》をやって、日本の「武士道」を信じているんですよ。

この二つが阻んでいるんですよ。

質問者Ａ　なるほど。「神への信仰《しんこう》」と「武士道」が。

ゾロアスター　プーチンに完全にウォーク・インできないんですよ。だけど、本能的には独裁者気質は持っていらっしゃるから、（アーリマンは）狙ってはいるんですけれどもね。

古代ギリシャ・現代日本・キリスト教会へのアーリマンの関与《かんよ》とは

質問者B　そうしますと、やはり、マルクスによって始まったときからレーニン、スターリンも含《ふく》め、アーリマンが影響を与えていたと見てよいのでしょうか。

ゾロアスター　でも、まあ、その「唯物論《ゆいぶつろん》」自体はもう古代のギリシャからあるからねえ。ギリシャ・ローマ時代からもうあることは……、「快楽主義」とかはみんなそうでしょう。それから、原子・分子の集まりだけでできているというような考え、古代の哲学《てつがく》もあったから。

質問者B　以前の霊言で、「近代のいわゆる唯物的な哲学の流れができてくるなかにも、実はアーリマン的な介入《かいにゅう》があった」というように取れる霊言もあったのですが。

ゾロアスター　いや、君（質問者B）とか君（質問者C）も、もうやられているんだよ。知ってるか？　君らはもうやられているんだよ。だから、「東京大学」へ行ったんだろ？

質問者B　ええ。

ゾロアスター　東京大学に入るためにはねえ、朝日・岩波文化人の書いたものを読んで、読解する能力が必要なんですよ。こういうものを受け付けない人は、東京大学に入れないんですよ。

だから、朝日・岩波文化人たちは〝訳の分からない言葉〟で書いた文章をいっぱい発行して、〝その訳の分からないもの〟をありがたがって読んで、そして〝訳の分からない解説をしている教授たち〟の教えを受けた人たちが、東京大学を優秀《ゆうしゅう》な成績で卒業する人たちで、あとは〝訳の分からない政策〟を立てて、〝訳の分からない答弁〟をして、政治をして、やっている。

だから、君らはもうすでに入られているんだよ。

質問者B　おかげさまで、仏法真理《ぶっぽうしんり》を学んで洗脳が解けたので、生き返ったわけではあるのですけれども。

質問者A　そうすると、共産主義の淵源《えんげん》には、やはり、どこかでアーリマンの関《かん》与《よ》があったということでしょうか。世界的に広がるような、「唯物的な思想」とか、「全体主義」とか、そのへんはすべて関与があったということですが。

ゾロアスター　いやあ、何度も何度も、もう歴史的には何波も来ているからね。逆に「教会を護《まも》ればいい」といっても、教会も、何度も〝別のもの〟にまたこれやられているので。

質問者B　教会の歴史においては、十三世紀ぐらいにひどい虐殺《ぎゃくさつ》がありました。これは一度ならず主の御法話《ごほうわ》でも指摘《してき》されていますが、名前は出しませんがひどい虐殺です。たぶん南フランスだったと思いますが、あれにも影響があったのでしょうか。

ゾロアスター　これは私の任を超《こ》えるからもう全部は言えないけれども、「魔女《まじょ》狩《が》り」、「（魔女）裁判」等で、異端《いたん》で殺したなかには、光の天使がそうといたと思われるし、まあ、宗教間の戦いもあるし、世俗《せぞく》権力と教会の戦いのなかにだって悪魔は働いていると思うし。

いやあ、地球神も大変だ。私はなりたくないなあ。地球神になんかなりたくない。これは無理だよ、もう。

「神の子としての平等」ではなく「洗脳を受けた平等」の場合は危ない

質問者A　ゾロアスター様、善悪を見極《みきわ》める偉大《いだい》なる叡智《えいち》から見まして、教えていただきたいことがあります。

今日は導入で、大川隆法総裁先生が「民主主義のなかには二つの方向がある。一つは自由であり、もう一つは平等である。そして、自由を求める民主主義はアメリカで起きたことであり、それは真の民主主義の方向であると思いますけれども、平等を求める民主主義は結果平等になっていく」というように解説されていました。

どうも、「平等」というとすごくいいようには思うのですが、そのなかにも水面下にものすごい影《かげ》があり、そこが何か非常に悪い方向に行く場合もあるように思われますが……。

ゾロアスター　いやあ、それはねえ、「〝洗脳を受けた平等〟の場合は危ない」っていうことなんだよね。

質問者A　そのあたりの違《ちが》いは何でしょうか。

ゾロアスター　本質的な平等、魂《たましい》において神の子だという平等、だから、「チャンスはあって、誰《だれ》だって大統領にも首相にもなる権利はあるし、誰だっていろんな職業に就《つ》く権利がある」という平等、チャンスの平等的なものは、いちおう認めているものではある。

けれども、そうではなくて「全員が農奴《のうど》みたいな、農業奴隷《どれい》みたいな感じで働く」とか、「平等は、まあ、昔のアメリカみたいに白人にだけあるものであって、アメリカに輸入された黒人にはそんな平等は当てはまらない」と。

“men《メン》 are《アー》 created《クリエイティッド》 equal《イークォル》”っていうのは、白人のことで、白人でも特に男性だね。男性白人にはみんな選挙の権利もあるし、社会的権利もあるけど、女性にはなく、それから黒人にはまったくない。牛馬と変わらない。「財産権」だ。

この考え方は、別にほかの国にもいっぱいあったよね。選挙権をもらったのも本当に最近だからね。日本でもそうだし、ヨーロッパでもそうだわな。イギリスみたいなところも、大英帝国で発展していたように見えても、ほんの百年前はもう、アヘン窟《くつ》から、いろんなものはあったしね。

だから、「平等」だと……。まあ、確かに、「もともと大地主《おおじぬし》に生まれて、もう働かなくても食っていける」というのと、「そこで小作人で働くしかない」という制度が固定していれば、小作人は永遠にそこから抜《ぬ》け出せないし、職業の選択《せんたく》も許されないこともあるよな。

それから、もう一つは「愚民視《ぐみんし》」政策で、「お上《かみ》だけは賢《かしこ》い」と。

だから、中国なら〝お上〟っていうのは共産党に当たるわけで、九千万人の共産党員だけど、日本でもそういうところはあるね。お上があって、あと、愚民を飼いならす政策でやるから、「おまえら、ただ聞いとれ」ということだね。日本人も、その傾向《けいこう》はけっこう強いよな。

だから、なんか、「〝愚民としての平等〟を君たちは選ぶのかい？」っていう。

要するに、「〝支配者階級、エリート階級に支配される平等〟のほうが、人と違いがあるよりはまだいいと考えるのかい？　それはやっぱりおかしいと考えるかい？」ということ。

だから、東京大学の丸山眞男《まるやままさお》とかいうような人たちは、民主主義を説いても、「世間《せけん》、大衆はこうで、われわれは違う。エリートは別なんだ」って。もうこれは、別に共産党にでもすぐに置き換《か》えられる思想だから。

質問者B　まさに、先ほどの「赤い闇」の映画に出てきたシーンそのものの世界だと思います。

ゾロアスター　うん、うん。そうだね。

間違《まちが》った思想に支配されないために必要な「多様な価値観」

ゾロアスター　だからねえ、気をつけないとさあ、こんな「洗脳」、今いくらでもあるわけだよ。

まあ、東京大学の悪口を言ったらちょっと申し訳ないから、あまり言ってはあれだけれども、世界の大学のランキングでも、今、下がっているんだと思うけど。そして、中国の北京大学とか清華《せいか》大学、習近平《しゅうきんぺい》ご出身の清華大学とかが、けっこう上のほうに上がっていると思うんだけど、いや、それはねえ、やっぱり「洗脳」だよ。

だって清華大学に入って、毛沢東思想で試験をやられてね、あんたねえ、競争がたとえ百倍であろうとね、そんなのでいい点を取ったところで狂《くる》っているものは狂っていて、間違《まちが》っているものは間違っている。

悪魔の言葉を一語一句《いちごいっく》覚えたところで、どうなるものでもない。それに基《もと》づいてつくられた法律を覚えたって、法解釈《かいしゃく》をやったって、〝全部おかしい〟わけですから。

香港《ホンコン》の人にも、もう中国の国内法が全部適用されるような感じに今なろうとしているし、中国の法は、日本で活動している中国人たちの言動にまで、例えば、香港で「国家転覆罪《てんぷくざい》」を問うやつは、日本で発言したものにまでかかってくる。日本でやっている人を逮捕《たいほ》はできないけれども、それの家族、中国にいる家族は逮捕できるからね。

そういうことになって、まあ、冗談《じょうだん》めかした言い方ではあるけど、「中国の法律だと、宇宙人も逮捕できることになっている」ということだから、「どこで悪口を言っても全部逮捕できる」。まあ、こういうことだよな。

それに比べれば、アメリカの大統領でも、あれだけ悪口を言われるっていうことは、トランプさんも悔《くや》しいが、「それが民主主義としてのいいところでもあるのだ」ということは認めている。日本の首相も、いいことを言われることはめったにない。

だから、逆説なんだけどね。偉い人は、尊敬されなくてはいけないし、ほめられなくてはいけないのに、偉くなったら悪く言われる。日本の官房長官《かんぼうちょうかん》が総理になったとたんに、今、もう〝ものすごい悪人〟になりつつあるけど。

民主主義には、そういう、その選ばれて上に立った人が、人を不幸にする権利があるからね。だから、「それをクビにする権利が与えられている」ということだわな。

だから、ドグマ（教条）に支配されないためには、「多様な価値観」を、ある程度、いつも〝揉《も》んでおかなければいけない〟ところがあるわな。

7　光と闇《やみ》の戦いの決着をどうつけていくか

全体主義のもとは、〝右〟も〝左〟も「独裁者の支配欲」

ゾロアスター　何を訊《き》こうとしていたのかな？　忘れちゃった。

質問者B　実は、今日のインタビューといいますか、霊言《れいげん》のサブタイトルは、「宇宙の闇《やみ》の神とどう戦うか」というものです。その「宇宙の闇の神」というテーマで……。

ゾロアスター　ああ、これは難しいよ。

質問者B　ええ。それで先ほど、冒頭《ぼうとう》で、前半のほうで、その話題に行きかけたときに、やや遠慮気味《えんりょぎみ》にされていたので深く入《はい》れなかったんですけれども、手前の、地球にかかわりのあるところで「宇宙戦争の歴史」みたいなところに関してコメントを頂ければ、ものすごくありがたいんですけれども。

それをもし頂ければありがたいですし、それはちょっと難しいということであれば、先ほどナチスの話が出てきたものですから、それ絡《がら》みで関連する質問を一点させていただきます。

これも、当会では、主の御法話《ごほうわ》や霊言で何度も出てきていることで、「ナチスはUFO技術を持っていて、コンタクトもしていた」というのは明らかに出ています。

ゾロアスター　うんうんうんうん。

質問者B　調べた範囲《はんい》では、「そのときのコンタクトの母体になったグループは、黒魔術《くろまじゅつ》をやっていた」というところまでは分かっているのです。

ゾロアスター　うんうんうんうん。

質問者B　そうなりますと、ナチスには確かに宇宙人との接触《せっしょく》があって、ナチスにＵＦＯ技術を与《あた》えた宇宙存在がいるんですけれども、もし、受け取った側が黒魔術をやっていたとすると、ナチスが付き合っていた宇宙人は、結局、アーリマン系だったのでしょうか。

ゾロアスター　いや、いやあ、宇宙人もなあ、種類はいろいろまだあってな、そんなに簡単ではないんだよ。

質問者B　ああ。

ゾロアスター　まだそんなに簡単ではないんだよ。一種類と思うたら、それは甘《あま》いよ。だって、君らが知っている宇宙人でも、ものすごい数、来ているでしょう。だから、その反対側のやつも一種類じゃない。複数いると思うよ。

ヒットラーだって、ねえ？　貧しい画学生、絵描《えか》きさんだったんだろう？　美大か何か卒業もできたかどうか知らんけれども、絵描きだったのが、あんなふうになっちゃうわけだからさ、それは人格の変容は起きているよね、どう見てもね。ウォーク・インされているよな、確実に。途中《とちゅう》から入っているよ。

質問者B　ああ。

ゾロアスター　だから、「そのウォーク・インした者が何者であるか」ってことは、ヒットラーの霊と話しただけでは分からないんだよ。

質問者B　ああ、なるほど。

ゾロアスター　実を言うと。うん。何が入ったかは。それも、支配している時期があることもあるので。全部ではなくて、「この時期」っていうのがあるから。〝絶対やられて〟いるけど。

でも、「別なもの」でもあるけど、「同質だ」っていう見方もあって、まあ、ハンナ・アレントなんかが言っていることだと思うけど。だから、「スターリンに入っているものも、ヒットラーに入ってるものも、別なもの、正反対のように見えて、一緒《いっしょ》だ」っていう考えもある。

どこで一緒かというと、「全体主義の考え方は、実は一緒なのだ」と。〝右〟も〝左〟も、実は一緒の傾向《けいこう》を示してくる。

結局、全体主義のもとは「独裁者による、その支配欲」なのだから。あとは、だから、もう「顔の見えない軍隊」でいいので。言うことさえきいてくれればね。

影響力《えいきょうりょく》を増せば、それ相応のものが闇《やみ》の宇宙からでも入ってくる

質問者Ａ　「独裁者の支配欲のところにウォーク・インしてくる」というところが、やはりツボなのでしょうか。

ゾロアスター　そうそうそう。だから、一生の間で何度か変わることがあるから。どの時期に入ったか、それを人類の歴史として書き留《と》めることは簡単なことではない。

その人が、立場が上がったりして影響力《えいきょうりょく》を増せば、それ相応のものが……。指導霊がつくのと同じように、宇宙からでも入ってくるものはある。

質問者Ａ　「邪《よこしま》な気持ちを持っていると、やはり、そういうアーリマン系の闇《やみ》のほうにつながっていく」ということですか。

ゾロアスター　うーん。アーリマンそのものは私も十分には分からないんだけど、私のときには、光の神オーラ・マズダを信仰《しんこう》することで、「こちらこそ本物の神なのだ」ということを言って、「このオーラ・マズダは善と悪をきちんと分けて、悪は処罰《しょばつ》され、地獄《じごく》では責め苦《く》がある」ということを明快に私は説いた。

そうではなくて、唯物《ゆいぶつ》的な人たちは当時もいたので、「お酒だとか食べ物とかパンとか、そんなものがいっぱいつくれるような技術を持っているような人は、もう神なのだ」って言うような者もいたからさ。

「精神的」な神と、そういう「物質的」なものだけのところを操《あやつ》る神。

だから、戦争が強ければ、例えばだよ？　戦争が強ければ、他国を侵略《しんりゃく》して物資も人も取ってくればいいわけだから、要するに、他国の穀物を取り、そして、人たちを引っ張って奴隷《どれい》にすればいいわけだからね。

だから、いや、こういう側から世界史を書いたら、もう、訳が分からないぐらいまで行くね。

ヒットラーに入った宇宙存在と、スターリンに入ったものの違《ちが》いとは

質問者C　現代の学問の弱点としては、「オカルト学みたいなものがない」というところがあるかと思います。

そういうものがあれば、こういう宇宙存在に対抗《たいこう》する何かがありうるのかと思うのですが、ヒットラーに入ったりスターリンに入ったりしていて、「でも、それは種類が違《ちが》うのだ」というのは、どういうふうに違ってくるのでしょうか。

あるいは、それが入ることによって、闇の勢力は、例えば、「そのエネルギーを増す」とか、「勢力が増やせる」とか、何か目的があるのでしょうか。

ゾロアスター　どう見ても、ヒットラー系に入ったのは、「科学技術の進歩を最高」とする感じのものが来てるよね。

スターリンのほうは、昔からある「色《いろ》・金《かね》・欲《よく》」全部、「酒池肉林《しゅちにくりん》」の世界、ちょっとこちらが入っているわな。

君らが観《み》た映画で、イギリスの若いジャーナリストが、「ウクライナが飢《う》えているのに、それが報道されないのはおかしい」っていう告発をした映画の話をしているけど、実は、そんなことは知っていても、歴史が変えられなかったものもあるわけで。

だから、チャーチルも、今、それを問われているところだけれども。「ソ連は悪魔だ」とチャーチルは見抜《みぬ》いていた。だけど、「悪魔の力を借りてでも、イギリスが滅《ほろ》びるよりはましだ」ということで、「悪魔と悪魔を戦わせる」っていうこと、「ドイツとソ連を戦わせる」っていうことを考えたわけだよね。だって、イギリスはもう壊滅《かいめつ》寸前で、フランスみたいにやられるところでしたからね。

だから、そのジャーナリストがね、正しいことを言ったとしても、たぶん政治的には、やっぱり関係なく利用できるものは利用するから、「ソ連を利用しないといかん」ということであれば、「ソ連は悪だ」という記事をいくら書いても、政治家が握《にぎ》り潰《つぶ》す。

アメリカでも一緒で、「共和党だ」「民主党だ」と言って選挙の利益は考えるけれども、国益に反することなら言わないで黙《だま》っていることはいくらでもあるだろうな。

それは、ジャーナリスト的正義は真実を書くことだけど、実は、ジャーナリストたちに書かせて新聞社をやっている経営者たちは、〝国家の枠組《わくぐ》み〟のなかに入っているから。

だから、「イギリスが生き延びるためにはどうするか」っていうと、アメリカとソ連とを参戦させる必要があったわけだから、彼らが戦っている敵（ナチス・

ドイツ）が悪魔で、それ以外のものについては言わないっていうことは、もっと大きな目から見て、まあ、当時は必要だったんだろうから、それはジャーナリストは殺されても、まあ、しかたがない面はあったのかもしれないわね。

だけど、そのイギリスで、まだ肉が食べられるイギリス人が助けを求めて、「滅ぼされる」って言っているのは、「ヒットラーによるミサイル攻撃《こうげき》で、ロケットか、ロケット砲《ほう》攻撃と、それと航空機攻撃でやられる」っていうことだよな。

チャーチルに見られる、「政治」と「ジャーナリズム」の原理の違《ちが》い

ゾロアスター　だから、「政治の原理」には、ちょっともう一つ「ジャーナリズムの原理」と違《ちが》うものがある。

（チャーチルは）ヒットラーのドイツの暗号機、エニグマっていう暗号機を解読していたけど、これは、「解読していることを知られてはまずい」っていうこ

とで、市民を犠牲《ぎせい》にしてもそれを隠《かく》し通して、壊滅作戦のときに一気に使った。

要するに、「向こうが空襲《くうしゅう》に来る」っていうような情報は、もうすでに暗号を解読して知っていたけど、知らないふりをして、ロンドン市民は、まあ、十万人ぐらいは、チャーチルによる、その秘密主義で殺されているとは思うけれども。

チャーチルは、「彼らが本当に大軍団を率いて、ものすごい数の航空機で攻撃してくるときに、最後、上空で待ち受けていて、上空から急降下してそれを撃《う》ち墜《お》とし、一気に殲滅《せんめつ》する」っていう作戦を取った。

それまで市民を犠牲にしても、それをやっているから。それは「国が滅びるよりはましだ」っていうことだよな。ロンドンの人たちには、あのとき空襲で発狂《はっきょう》した人も千人ぐらいは出ている、ロンドンでね。だけど、そういう老獪《ろうかい》なところが政治家にはあるからさ。

ジャーナリズムは材料は提供するが、それをどう利用するかは政治家の仕事としてあるわけなので、このへんを言えば、「ルーズベルトも悪魔だ」と言う人もあり、「チャーチルも悪魔だ」と言う人もあり、まあ、見方から見ればね、そういう見方もあることはあるわなあ。

それから、「日独伊《にちどくい》三国協定」も反共、防共協定だったから、共産主義がその後、戦後これだけ流行《はや》って多くの人を苦しめたのなら、防共協定のほうが勝ってもいいはずなのに、負ける方向での「結果」が得られた。で、国連の常任理事国にソ連や〝毛沢東《もうたくとう》・中国〟が入ってきた。

これで、戦後は〝神と悪魔の連合軍〟による支配が七十年以上も続いているわけだけど、これも決着がもう一回、今来ようとしているわけだよね。「これが間違いだった」ということを。

ゾロアスターが考える「全体主義中国を壊《こわ》す方法」とは

質問者Ａ　それでは、ゾロアスター様から見ると、この着地、決着のつけ方は、どうすべきだとお考えですか。

ゾロアスター　いや、私が今考えても、私はそんなに頭がよくないので、残念だけど。

質問者Ａ　いやいや、お願いします。

ゾロアスター　まあ、頭がよくないので、分からんけど、今はもう、だから、いや……。

質問者A　結論は……。

ゾロアスター　私はだから、「習近平《しゅうきんぺい》が目指している全体主義中国をどう壊《こわ》すか」っていうことを……。

質問者A　あっ、どう壊すか、中国をということですね。

ゾロアスター　この国を……。これに焦点《しょうてん》を絞《しぼ》っているので。だから、悪魔のウォーク・イン、悪質宇宙人のウォーク・インもあろうが、善玉を探して、こちらのほうも何とか「革命の旗手」にしようと今してはいるので。

革命を志している人はいることはいる。だけど、早くバレれば殺されるから。

それにある程度、一定の地位まで政治力をつけさせないといけないので、それまでは、悪人たちと同じようなことをしているように見せながら、そこにそれを使って戦わせ、反乱を起こす。

「太平天国《たいへいてんごく》の乱」みたいには制圧されないように、ちゃんと反乱を起こすことを、今考えています。

だから、「今、中国での〝序列〟はいくらぐらい」って、いっぱいあるけど、「〝どれを狙《ねら》って〟いますか」ということは、絶対言ってはいけない。殺されるから言えないので。

だけど、いる。必ずいるので。私が〝狙っている人〟はいるので。もう、「〝この人を使って〟革命を起こそう」と思っている人はいます。

ただ、これは複数を用意しておかないと、やられる可能性はあると思います。

8　ゾロアスターが信じた光の神の正体とは

ゾロアスターは禅定《ぜんじょう》中に光の神と一体となった

質問者Ａ　もう時間もなくなってきたのですが、一つ、オカルトの究極みたいなところを質問させていただきたいのです。

大川隆法総裁先生は、最近、復刻版経典《きょうてん》を出されておりまして、そのなかに、『観自在力《かんじざいりき》』という経典がございます。

そこで、実は、ゾロアスター様の悟《さと》りを、「宇宙即我《そくわれ》」のなかの事例として、ご紹介《しょうかい》いただいております。

夜、ゾロアスター様が禅定《ぜんじょう》していると、体が巨大《きょだい》な光

『観自在力』（幸福の科学出版刊）

のように変化して、炎《ほのお》のようにもなり、五十メートル、百メートル、そして、もっと高い火柱となっていきました。そして、「数千メートル、数万メートルの高さにまで昇《のぼ》ったような感覚を彼は得たことがあります」と書かれており、「それで霊的《れいてき》能力が備わった」ということで、「宇宙即我を体験した救世主の一人なのだ」というようにご紹介いただきました。

ゾロアスター　ちょっと、大川隆法氏は、やっぱり商社マンをやっているから、人をおだてるのがうまいんでなあ。

質問者A　（笑）いえいえ、それは『観自在力』にしか書いていないので。

ゾロアスター　さすがに、おだてるのがうまいなあ。

質問者Ａ　いやいや。そういうことは……。

ゾロアスター　そんなことね、君、あるわけがないだろうが。

質問者Ａ　いやいやいや、そんな（苦笑）。

ゾロアスター　そんなのね、まあ、せいぜい、光が出て五メートルか十メートルよ、君。それ以上はありえない。

質問者Ａ　そのときに、光の神との一体感というか、その神は、オーラ・マズダ、アフラ・マズダといわれる方で……。

ゾロアスター　あっ、拝火教《はいかきょう》をやっていたからね。だから、要するに、火が「文明」……。まあ、火を「善」として見る見方ね。まあ、火事を起こせば悪になるけどね。だから、そういう……。

いやあ、でも、結局、何を言えばいいわけ？　まあ、「宇宙大に私はなって、光り輝《かがや》いた」って言えばいいの？

質問者Ａ　いや、そのときに一体となった光の神「オーラ・マズダ」という方は、どんな方だったんですか。

ゾロアスター　いや、オーラ・マズダって「エローヒム」だよ。

質問者A　あの中東全域で創造神として信仰《しんこう》されていたエローヒム？

ゾロアスター　うん。エローヒムだよ。

質問者A　ははあ。

ゾロアスター　うん、うん。エローヒムだよ。もう〝ずっとエローヒム〟だよ。

質問者A　エローヒム、ずっと。

ゾロアスター　うん。〝全部エローヒム〟だよ。うーん、うん。エローヒムはいろんな名前を使うから。

光の面を強く出し、精神の高みを教えていたエローヒム

質問者A　エローヒムは、どんな方だったのでしょうか。

ゾロアスター　分からん。エローヒムという人は、よう分からん。全部は分からん。

現れてきた姿は……。私たちに分かる方便《ほうべん》の姿しか現れないから、どんな本体を持っているかは全然分からない。

分からないけど、まあ、エローヒムが教えたのは、やっぱり火に象徴《しょうちょう》されているけれども、この火をね、「悪いものを焼き尽《つ》くす力」であり、そして、「何か生《なま》もの等を食べたりして、病気が流行《はや》ったりすることを滅《めっ》するための、文明の力」として認めてくれて、また、「火はまた地獄《じごく》では業火《ごうか》となって悪人たちを焼き尽

くす」というような、まあ、そういうようなことを教えてくれたけどね。

このエローヒムがオーラ・マズダとして何をやったかっていうと、とにかく、この「光の面」っていうのをすごく強く出してきていたわね。火から「光の面」を強く出してきて、「光の神」ということを強く言った。

古代になるほど闇《やみ》が強いので。夜は漆黒《しっこく》の闇だしね。まあ、ちょっとそういうことを、ある意味で象徴に使いながら、「精神性」を教えていた、「精神の高み」を教えていたことだわなあ。

だから、そうだなあ、「ビールの神」だとか、「ワインの神」だとか、「バッカスの神」だとか、まあ、いっぱいいるけどさ、もう何やら分からんよ、ほんとねえ。何者だか、ほんとは、そういうものは分からんが。

「エロスの神」だって、これ、何者やら、ほんとは分からんからさ。男女を結び合わせるのは、それは幸福の基《もとい》かもしれないし、地獄の入り口かもしれないし、いろんなのがあるからさ。

そういう、人間の諸欲に関しては、それを「よい方向」に持っていけば神のお導きの方向になるし、「悪い方向」に行けば堕落《だらく》し精神性を失って、この世的なものにのめり込《こ》む方向に行くものがあるから。

どうしても、二種類のものがここには必ず入り込む余地はあるので、このへんの「見分け方」と「精神統一の仕方」を教えるものが、やっぱり神としての導き手になるわなあ。

エル・カンターレの力は宇宙のほかの「メシア星《せい》」ともつながっている

ゾロアスター　だから、まあ、エローヒムなんだけれども、エローヒムの全体像は私には分からない。私とかイエスとかは、〝生贄《いけにえ》〟に出される子羊の側なので。いつでも、「やるだけやってから死ね」っていう……。まあ、「冷たい」って言えば冷たいけどね。

質問者A　以前、大川隆法総裁先生は、『愛、無限』という本で、救世主のグループには「エル・カンターレの右下のほうにはイエスがいて、ゾロアスターがいる」とあって、別の左下のグループとで二つのグループになっているとお教えいただいたんですけど、これは、〝生贄〟と言ったら変ですけど、そちらのほうの役割を……。

ゾロアスター　いや、これは……。いやあ、いやあ、だから、エローヒムとか、九次元霊だとか、そんなの嘘《うそ》だよ。もっと「上」なんだよ、あれは。「ずっと上」なんだよ。「もっと上」なんだよ。「もっと上」の神なんだよ。それが、これが具

『愛、無限』（幸福の科学出版刊）

現化してきて、われわれと話ができるレベルまで下ろしてきて、話ができるレベルにテーマを絞《しぼ》って、姿を現してきているので。

質問者A　〝仮の姿〟として、現れてきているのがエローヒムだと……。

ゾロアスター　本当はそうじゃないんだよ。「もっと上」なんだよ、あれ。「もっと上」のものなんだよ。

だから、（エローヒムが）アーリマンも許さないのは、これは宇宙にまで実は伸《の》びているからさあ。エローヒム、アルファ、エル・カンターレの力は、実は宇宙のほかの星の「メシア星《せい》」とまで全部つながっているからさあ。

だから、「主導権」を持っているからさ。それで、地球……、だから、悪魔《あくま》の支配……。まあ、大きく見ているからね、百年ぐらいが〝一瞬《いっしゅん》〟だから。

ソ連の共産党は七十何年行ったが、中国（共産党）も百年っていうけど、そろそろ、そろそろ「幕引き」しようとは思っているけれども。

9 闇《やみ》の神による支配を崩壊《ほうかい》させるには

中国のAーーBによる支配を崩壊させる方向に入っている

ゾロアスター　うーん、まあ一つはね、毛沢東《もうたくとう》に入ったり、習近平《しゅうきんぺい》に入ったりしているものについて、「習近平そのものを滅《ほろ》ぼしたら勝ちじゃないか」と思うかもしれないけれども、これが〝別の人〟に入ったら、それはまた同じことができるからね。

だから、そういうかたちで、その「肉体」を滅ぼしただけでは勝てないんだよ。でなくて、その「思想（の批判）」をやっていって、そして崩壊《ほうかい》させなければいけない。

質問者Ａ　崩壊させるところまで。

ゾロアスター　うん、うん。そう。「考え方」をやったら崩壊する……。

「ＡＩＩＢ（アジアインフラ投資銀行）」とか言って、やっていって、ヨーロッパまで本当は支配して、アフリカも支配してやろうとして、やっているのを、これを崩壊させるところまで、やらせるんだよ。そうすると、それに取り憑《つ》いていたものがほかに入ったところで、もう同じことはできないだろう。だから、ＡＩＩＢを崩壊させる方向に今もう入ってきている。

ギリシャやイタリアやスペインや、あのへんの国あたりは弱小国で金が足りないから、中国の金を頼《たよ》りにして生き延びようとしていた。でないとＥＵから追い出されるかもしれない危機があったけれども、中国からお金を借りてもいいけど、コロナウィルスまで持ってこられたんじゃかなわんから、縁《えん》を切りたがっているから、今、チャンスだね。

だから今、これ、〝逆利用〟もしようとしているので。「こんなことを考えている国なら、付き合い切れない」という。ま、香港《ホンコン》に象徴《しょうちょう》されることもそうで、香港にも犠牲《ぎせい》は出ると思うけれども、「これは、中世でやったようなことをやっているんじゃないか」と、ヨーロッパの人には分かるから。

ということで、「これに支配されたら困る」ということを、いちおう合意させようと思っている。

トランプ氏への言論凍結《とうけつ》がドイツにもたらした目覚めとは

ゾロアスター　トランプさんみたいな人を、独裁者、ヒットラーみたいにしようとしているわけだよ、民主党なんかはね。トランプさんみたいなのをヒットラーみたいにしようとしているけど、何がヒットラーなものか。

あの、ツイッターを止められたりしているわけだ。

ヒットラーなら、軍隊を送り込《こ》んで、それは……。議会に民衆を送り込んだのがトランプさんの〝間違《まちが》い〟だよ。だから、民衆に「議会に向かって行進しろ」なんて、こんな平和なことを言うから間違いで、軍隊に向かってそれを言わなきゃいけない。戦車が議会に行って乗っ取ったら、それはもう、〝民主主義は終わり〟だよ。

それで、彼は〝独裁者〟に就任すればいいんだよ。それで、「私《わたくし》が初代アメリカ・カエサルとなった」と言えば、それで彼の思いは実現できるのに、民衆を歩かしたから、あんな殺し合いになってしまったんですよ。

だから、あのメルケルさんが言っているように、「ツイッターを止めたりするようなこと、こんなことは許されない」と。「言論を凍結《とうけつ》するなんてことは許されない」と。

まあ、よかったじゃない。アメリカは、中国に吸い込まれかかったドイツに〝目覚めを与《あた》えて〟いるんだから、「これ、見たことがある」という……。「情報統制、洗脳というのは、とても危険なことだ」っていうことを言い、「いつも、反対の意見や異端《いたん》の意見でも受け入れる余地は残しておかないといかん」ということだわな。

グレタの言葉を流す放送局や新聞系にも入る「宇宙の闇《やみ》の神」

ゾロアスター　ＮＨＫなんか、もうやられているから、気をつけたほうがいいよ。大川隆法の顔を出して宣伝してくれないけど、グレタの顔を出して、グレタの「科学は万能《ばんのう》だ」「CO_2は人類を滅ぼす」「トランプはおとなしくしろ」って、こんなのは平気で流すわけだからさ。もうやられているよ。完全にやられているから。

ＮＨＫにだって、この「宇宙の闇《やみ》の神」は入っているんじゃないの、もう、とっくに。それは便利だよなあ。

東京大学の卒業生たちが、もはや、作家になるような身分不安定なことはしないで、ディレクターをやって〝世論《せろん》を動かす〟ことに熱中していらっしゃるから。

（テレビに）顔も出さずに、それをやっているだけで。

顔を出すのには、美人コンテストに出られるような人を出しておいて、（自分たちは）裏で情報を操《あやつ》って、そしてやらせて、総理を替《か》えたり、大臣をクビにしたりして、こんな〝動かす〟のをやって。

裏からちょっと糸を引っ張って、それで年収一千七百万を取れる。まあ、これは作家よりよっぽど安泰《あんたい》だねえ。

一生懸命《いっしょうけんめい》勉強して司法試験に通っても、弁護士の平均収入が二百万だったら、

「やっていられるか」ということで、それはメディアをいじっているほうがよっぽど権力感があるわなあ。

質問者B　要するに、アメリカのメインストリームのメディア並みの動きをしている、日本人のディレクター連中や新聞系もいると思います。

ゾロアスター　「朝日」、「岩波」とさっき言ったが、「ＮＨＫ」、このあたりが、もう入っているよ、裏に。もう入っているよ。

質問者A　「アーリマンの闇の力が現在の日本の具体的なところにまで浸透《しんとう》している」ということが分かりました。

ゾロアスター　もう入っている。入っている。入っているよ。勝てないよ、そう簡単に。だって、彼らには君らの言論よりも力はあるからね。

だから、グレタさんをね、〝救世主〟にするのは簡単なのよ。

彼らはできるんだよ。ねえ？　あんな、十代か何か知らんけど、あれがねえ、学業を放擲《ほうてき》して、「科学万能だ。科学を信仰《しんこう》しろ」「トランプは科学に反することをやっている野蛮人《やばんじん》だ。独裁者だ」と言って、こちらのほうを流したら、もう〝英雄《えいゆう》〟になってしまうよ。ねえ？　〝神〟になってしまう。

質問者Ｂ　今、善悪を分ける強力な一言《ひとこと》を頂きまして、今後打つべき対策が分かりました。どうもありがとうございました。

ゾロアスター　いやあ、ＮＨＫだって、それは、ＮＨＫに反対する会をつくっている元ＮＨＫ職員もいるから。まあ、いろんな人がいるだろうから、私は全体主義的には言わないけどね。

民放はオカルトものをいっぱい放送するからさあ、怖《こわ》い話、不思議な話をやるから、ＮＨＫはそれを否定する番組を流すのをやっている。

だけど、これは、もう明治以降始まった、この、何て言うか、西洋の「神は死んだ」路線の学問を入れて、それだけで試験をやってきたから、そういう人がいっぱいできているだけだからね。

まあ、それはもう、司法試験の科目に『太陽の法』を一個入れたら、全然変わってくるよ、本当になあ。裁判所から、弁護士から、検事だって。

質問者Ａ　はい。『太陽の法』という聖典《せいてん》を必ず広げて

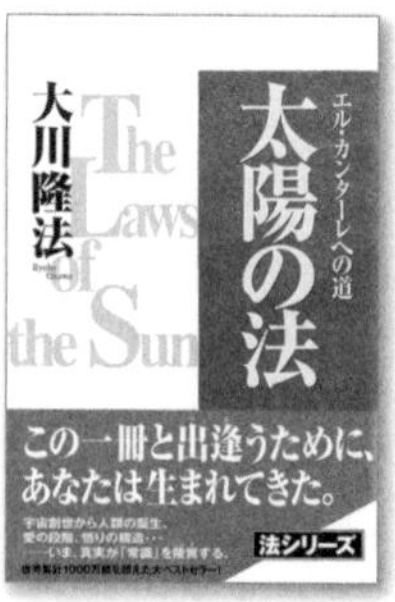

『太陽の法』（幸福の科学出版刊）

いきたいと思います。新しい文明をつくるための根本《こんぽん》を変える、そうした気持ちで今いっぱいとなっております。

唯物《ゆいぶつ》的な社会では、ＵＦＯや宇宙人も切り崩《くず》しの一手となる

質問者Ａ　今日は、古代文明史から現代社会の問題まで、また、戦争の原因や、共産主義・全体主義といった政治的思想の奥《おく》に潜《ひそ》むものの正体、そして闇の宇宙の神とは何か、信仰の面からは、オーラ・マズダや、エローヒムとの関係など、さまざまな、多岐《たき》にわたる論点からお話を賜《たまわ》りました。

ゾロアスター　まあ、あとはねえ、宇宙人に訊《き》け。

質問者Ａ　「宇宙人に訊け」ですね。はい（笑）。

ゾロアスター　もう、分かるか、そんなこと（笑）。私に分かるわけがない。あとは宇宙人に訊けよ、ねえ。やつらも秘密をいっぱい持っているからさあ。

質問者A　はい。

ゾロアスター　だから、用心しているのよ。宇宙人が降りてきて、あんまり言うと、君らがカルト扱《あつか》いをされて、なんか弾《はじ》かれたらいけないと思って、すごく遠《えん》慮《りょ》しているから。

だから、もうちょっと、それを常識ベースに広げていかないと、彼らも言いたいことが本当はあっても言えないからね。

ただ、唯物論者《ゆいぶつろんしゃ》でも、宇宙のことを信じる場合もあるから。宇宙人とかUFO

とかを信じる唯物論者もいるから。
　中国も、こっちは信じているのよ。「こちらはありえる」と思っているから。まあ、意外に上手に攻《せ》めれば使えるかもしれないよな。

質問者A　なるほど。中国も最近、月面探査機を出して月にも行っているし……。

ゾロアスター　いやあ、空港が一時間もＵＦＯ騒動《そうどう》で閉鎖《へいさ》になったときもあるんだから、いるのは知っているよ、彼らは。

質問者A　「唯物的な社会だからこそ、ＵＦＯや宇宙人も、うまく使えれば切り崩《くず》しの大きな一手となる」ということを今学びました。

ＵＦＯ映像を公開して、追い出されることが決まったトランプ氏

ゾロアスター　アメリカもねえ、（宇宙人から）技術供与《きょうよ》を受けているから。

質問者Ａ　はい。

ゾロアスター　トランプさんは、去年の春に「ＵＦＯ三機の映像を公開した」ということで、〝追い出される〟ことが決まったんだよ。これは軍事機密に触《ふ》れるので。宇宙人から軍事テクノロジーをだいぶもらっているので。これは隠《かく》しておかないと、ほかの国との技術格差を保てないから。

トランプさんは、あれで、「こいつはおしゃべりだから〝消さなきゃいけない〟」という……。もう一つ下に潜《もぐ》っている連中には、その動きもある。

質問者Ａ　なるほど。「そうやって公開しようとしたときに命を狙《ねら》われた」というところもあったと。

ゾロアスター　うん。歴代大統領は、みんな、「公開する」と言っていて、していないから。

質問者Ａ　その寸前のところで止められて……。

ゾロアスター　うん。「暗殺」されるから。

質問者Ａ　なるほど。

ゾロアスター　公開したら。

質問者Ａ　はい。

ゾロアスター　それはね、軍部のほうは、軍産共同体のほう、産業と軍部のほうは、そのＵＦＯテクノロジー等を取り入れて、軍事的に優位に立とうとしているから。それをばらす大統領は消される。うん。だから、「暗殺されていないだけでも、ありがたい。落選だけで済んだのは、ありがたい」と思わないといけない。

質問者Ａ　なるほど。

ゾロアスター　それはもう、誤作動をする機械ぐらい、そんなものつくれるよ、簡単につくれますよ。だけど、暗殺よりはましじゃないですか、平和的手段ですから、ええ。

質問者A　最後の最後に、また、いろいろ新しい論点も頂きましたけれども、時間がだいぶ来ております。

ゾロアスター　いやあ、まあ、もう一期やったら殺されるから、もういいよ、トランプさん。ほかの人にやってもらって、民主党の無能さをさらけ出してもらって、「トランプはよかった」と言ってもらったら、また評価が上がってくるから。まあ、娘《むすめ》さんにでも大統領に出てもらったらいいんでないの？　イヴァンカさんとか、優秀《ゆうしゅう》な方はいるじゃない。ユダヤ教で通るかどうか知らんけどさ。まあ、向こうの副大統領よりはいいんじゃないの。

質問者A　今日は、本当に、さまざまに教えを賜りました。これを胸にしっかり受け止めまして、努力・精進《しょうじん》を重ねる私たちでありたいと思います。

本日は、ご指導まことにありがとうございました。

ゾロアスター　はい。「ゾロアスター教なんか、もう早く捨ててください」って、みんなに、全世界の人にお伝えください。フレディ・マーキュリーは、こんなのが三十万人を集めたところで……。民主主義的には、三十万も集めたら、「すごいなあ」と思うかもしらんけど、「駄目《だめ》は駄目」ということだから。

質問者A　はい！

ゾロアスター　はい（手を一回叩《たた》く）。

質問者A　『太陽の法』『秘密の法』を、今年、思いっ切り世界に広めていきたいと思います。

ゾロアスター　（手を一回叩く）はい。

質問者A　ありがとうございます。

ゾロアスター　（手を一回叩く）はい、はい。

『秘密の法』（幸福の科学出版刊）

10 「ゾロアスターの霊言《れいげん》」の収録を終えて

大川隆法　（手を三回叩《たた》く）まあ、ちょっと手に負えない部分は、やはりあるようですね。

だから、宇宙人情報はいいけれども、うちのステータスによりますね。「社会的に、どの程度まで認められているか」ということと、その出せる範囲《はんい》には、どうしても関係があるでしょう。それを出したことにより、「今まで信じていたけど、もうやめた」という人がいっぱい出てきたり、攻撃《こうげき》の対象になったりするようだったら、危険があるから。

うーん。今年は映画「宇宙の法――エローヒム編――」の年かあ。（宇宙人が）

出てくるだろうなあ、いっぱいいました。出るだろうけれども、まあ、本当にカルト扱《あつか》いをされないように上手にいかないと。だから、正反対の、正統な宗教の教えも同時に出さないといけないでしょう。

では、以上です。

質問者Ａ　ありがとうございました。

大川隆法　はい（手を一回叩く）。

映画「宇宙の法 ―エローヒム編―」（製作総指揮・原作　大川隆法、2021年秋公開予定）

あとがき

世界の主要メディアは、今、地球レベルで一億人以上の感染者を出した中国・武漢発のコロナウィルスを、自然発生的なものに風化して、責任者不在にもっていこうとしている。米新政権は、ＷＨＯ以上の調査を求めているが、本気度は、信用しがたい。

アメリカのトランプ前大統領が不覚をとったのは、選挙期間中のウィルスの大流行が直接の原因であったろうに、トランプ氏の口を永遠に封じたい人たちは、コロナウィルスを民主主義擁護《ようご》の「福の神」のように信じたいかのようだ。

地球が四十六億年前、生物の棲《す》まない灼熱《しゃくねつ》の星であったことを忘れてしまった人々は、地球の4度程度の温暖化で人類が滅びるという妄想を「科学」だと信じている。

神仏も、悪魔も、宇宙の光の神、闇の神をも知らない人々は、理科の実験室に全ての真理があると思っているらしい。愚かと言うしかない。本書は、警世《けいせい》の一書でもある。

二〇二一年　二月十六日

幸福《こうふく》の科学《かがく》グループ創始者兼総裁《そうししゃけんそうさい》　大川隆法《おおかわりゅうほう》

『ゾロアスター 宇宙の闇の神とどう戦うか』関連書籍

『太陽の法』（大川隆法 著 幸福の科学出版刊）
『秘密の法』（同右）
『宗教選択の時代』（同右）
『観自在力』（同右）
『愛、無限』（同右）
『ゾロアスターとマイトレーヤーの降臨』（同右）
『地球を見守る宇宙存在の眼――R・A・ゴールのメッセージ――』（同右）
『公開霊言 QUEENのボーカリスト
フレディ・マーキュリーの栄光と代償』（同右）
『ヤイドロンの本心』（同右）

ゾロアスター 宇宙《うちゅう》の闇《やみ》の神《かみ》とどう戦《たたか》うか

2021年3月3日　初版第1刷

著　者　　大《おお》川《かわ》隆《りゅう》法《ほう》

発行所　　幸福の科学出版株式会社

〒107-0052 東京都港区赤坂2丁目10番8号
TEL(03)5573-7700
https://www.irhpress.co.jp/

印刷・製本　株式会社 堀内印刷所

落丁・乱丁本はおとりかえいたします
©Ryuho Okawa 2021. Printed in Japan. 検印省略
ISBN978-4-8233-0251-0 C0014
装丁・イラスト・写真© 幸福の科学

大川隆法 霊言シリーズ・ゾロアスターの真実

ゾロアスターと マイトレーヤーの降臨

知られざる神々の真実

なぜ、宗教戦争は終わらないのか。地球の未来はどうなっていくのか。公開霊言によって、霊界のトップ・シークレットの一端が明らかに。

1,300円

公開霊言 QUEENのボーカリスト フレディ・マーキュリーの栄光と代償

英語霊言 英日対訳

LGBT問題、ロックの功罪──。世界中から愛されたフレディの魂の告白とは。彼が信仰していたゾロアスターと、ジョン・レノンからのメッセージを同時収録。

1,400円

ドストエフスキーの霊言

ロシアの大文豪に隠された魂の秘密

『罪と罰』で知られるロシアの文豪・ドストエフスキーが、その難解な作品に込めた真意を語る。個人や社会、国家をも変える文学の可能性とは。

1,400円

公開霊言 ニーチェよ、神は本当に死んだのか？

神を否定し、ヒトラーのナチズムを生み出したニーチェは、死後、地獄に堕ちていた。今、ニーチェ哲学の超人思想とニヒリズムを徹底霊査する。

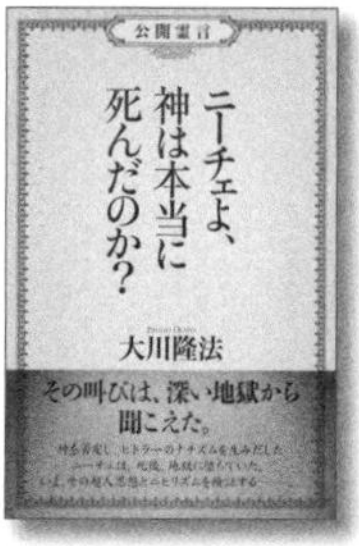

1,400円

※表示価格は本体価格（税別）です。

大川隆法 霊言シリーズ・中国を操る宇宙の闇の神との戦い

地球を見守る宇宙存在の眼

R・A・ゴールのメッセージ

メシア資格を持ち、地球の未来計画にも密接にかかわっている宇宙存在が、コロナ危機や米大統領選の行方、米中対立など、今後の世界情勢の見通しを語る。

1,400円

ヤイドロンの本心

コロナ禍で苦しむ人類への指針

アメリカの覇権が終焉を迎えたとき、次の時代をどう構想するか？ 混沌と崩壊が加速する今の世界に対して、宇宙の守護神的存在からの緊急メッセージ。

1,400円

メタトロンの霊言

危機にある地球人類への警告

中国と北朝鮮の崩壊、中東で起きる最終戦争、裏宇宙からの侵略――。キリストの魂と強いつながりを持つ最上級天使メタトロンが語る、衝撃の近未来。

1,400円

シヴァ神の眼から観た地球の未来計画

コロナはまだ序章にすぎないのか？ 米中覇権戦争の行方は？ ヒンドゥー教の最高神の一柱・シヴァ神の中核意識より、地球の未来計画の一部が明かされる。

1,400円

幸福の科学出版

大川隆法 霊言シリーズ・共産主義と全体主義の闇に迫る

大中華帝国崩壊への序曲

中国の女神 洞庭《どうてい》湖《こ》娘娘《ニャンニャン》、泰山《たいざん》娘娘《ニャンニャン》／アフリカのズールー神の霊言

唯物論・無神論の国家が世界帝国になることはありえない──。コロナ禍に加え、バッタ襲来、大洪水等、中国で相次ぐ天災の「神意」と「近未来予測」。

1,400円

CO_2排出削減は正しいか

なぜ、グレタは怒っているのか？

英語霊言 英日対訳

国連で「怒りのスピーチ」をした16歳の少女の主張は、本当に正しいのか？ グレタ氏に影響を与える霊存在や、気候変動とCO_2の因果関係などが明らかに。

1,400円

毛沢東の霊言

中国覇権主義、暗黒の原点を探る

言論統制、覇権拡大、人民虐殺──、中国共産主義の根幹に隠された恐るべき真実とは。中国建国の父・毛沢東の虚像を打ち砕く！

1,400円

ヒトラー的視点から検証する 世界で最も危険な独裁者の見分け方

世界の指導者たちのなかに「第二のヒトラー」は存在するのか？ その危険度をヒトラーの霊を通じて検証し、国際情勢をリアリスティックに分析。

1,400円

※表示価格は本体価格（税別）です。

大川隆法 ベストセラーズ・地球神エル・カンターレの真実

信仰の法

地球神エル・カンターレとは

さまざまな民族や宗教の違いを超えて、地球をひとつに──。文明の重大な岐路に立つ人類へ、「地球神」からのメッセージ。

2,000円

永遠の仏陀

不滅の光、いまここに

すべての者よ、無限の向上を目指せ──。大宇宙を創造した久遠仏が、生きとし生ける存在に託された願いとは。

1,800円

大川隆法
東京ドーム講演集

エル・カンターレ「救世の獅子《しし》吼《く》」

全世界から5万人の聴衆が集った情熱の講演が、ここに甦る。過去に11回開催された東京ドーム講演を収録した、世界宗教・幸福の科学の記念碑的な一冊。

1,800円

ウィズ・セイビア
救世主とともに

宇宙存在ヤイドロンのメッセージ

正義と裁きを司る宇宙存在が示す、地球の役割や人類の進むべき未来とは? 崩壊と混沌の時代のなかで、宇宙人の側から大川隆法総裁の使命を明かした書。

1,400円

大川隆法シリーズ・**最新刊**

エル・カンターレ 人生の疑問・悩みに答える 幸せな家庭をつくるために

夫婦関係、妊娠・出産、子育て、家族の調和や相続・供養に関するQA集。人生の節目で出会う家族問題解決のための「スピリチュアルな智慧」が満載！

1,600円

バイデン守護霊の霊言

大統領就任直前の本心を語る

繁栄か、没落か？ アメリカ国民の選択は、はたして正しかったのか？ 内政から外交まで、新大統領バイデン氏の本心に迫るスピリチュアル・インタビュー。

1,400円

大川隆法　初期重要講演集 ベストセレクション①

幸福の科学とは何か

これが若き日のエル・カンターレの獅《し》子《し》吼《く》である――。「人間学」から「宇宙論」まで、幸福の科学の基本的思想が明かされた、初期講演集シリーズ第１巻。

1,800円

鬼学入門

黒鬼、草津赤鬼、鬼ヶ島の鬼の霊言

日本で空前の鬼ブームが起こった背景にあるものとは？ 鬼の実像や正体、桃太郎伝説など、想像やフィクションを超えた、日本霊界の衝撃の真実に迫る！

1,400円

※表示価格は本体価格（税別）です。

大川隆法「法シリーズ」・最新刊

秘密の法

人生を変える新しい世界観

法シリーズ
27作目

あなたの常識を一新させ、世界がより美しく、喜びに満ちたものになるように──。降魔の方法や、神の神秘的な力、信仰の持つ奇跡のパワーを解き明かす。

第１章　宗教の秘密の世界
──この世とあの世の真実を解き明かす

第２章　霊障者の立ち直りについて
──ウィルス感染と憑依の秘密

第３章　ザ・リアル・エクソシストの条件
──悪魔祓いの霊的秘儀

第４章　降魔の本道
──世界を輝かせる法力とは

第５章　信仰からの創造
──人類の危機を乗り越える秘密

2,000円

幸福の科学の中心的な教え──「法シリーズ」

好評発売中！

幸福の科学出版

一度だけ、泣いた女。
美しき誘惑
～現代の「画皮」～
製作総指揮・原作／大川隆法
長谷川奈央　市原綾真　芦川よしみ　モロ師岡　矢部美穂　中西良太　デビット伊東　千眼美子（特別出演）　杉本彩　永島敏行
監督／赤羽博 音楽／水澤有一 脚本／大川咲也加 製作／幸福の科学出版 製作協力／ニュースター・プロダクション ARI Production
制作プロダクション／ジャンゴフィルム 配給／日活 配給協力／東京テアトル ©2021 IRH Press
2021年5月14日(金)ロードショー
utsukushiki-yuwaku.jp

正しき者よ、
戦え。
長編アニメーション映画
製作総指揮・原作 大川隆法
宇宙の法
エローヒム編
2021年秋 ROADSHOW

幸福の科学グループのご案内

宗教、教育、政治、出版などの活動を通じて、地球的ユートピアの実現を目指しています。

幸福の科学

一九八六年に立宗。信仰の対象は、地球系霊団の最高大霊、主エル・カンターレ。世界百四十カ国以上の国々に信者を持ち、全人類救済という尊い使命のもと、信者は、「愛」と「悟り」と「ユートピア建設」の教えの実践、伝道に励んでいます。

（二〇二一年二月現在）

愛

幸福の科学の「愛」とは、与える愛です。これは、仏教の慈悲《じひ》や布施《ふせ》の精神と同じことです。信者は、仏法真理をお伝えすることを通して、多くの方に幸福な人生を送っていただくための活動に励んでいます。

悟り

「悟り」とは、自らが仏の子であることを知るということです。教学《きょうがく》や精神統一によって心を磨き、智慧《ちえ》を得て悩みを解決すると共に、天使・菩薩《ぼさつ》の境地を目指し、より多くの人を救える力を身につけていきます。

ユートピア建設

私たち人間は、地上に理想世界を建設するという尊い使命を持って生まれてきています。社会の悪を押しとどめ、善を推し進めるために、信者はさまざまな活動に積極的に参加しています。

国内外の世界で貧困や災害、心の病で苦しんでいる人々に対しては、現地メンバーや支援団体と連携して、物心両面にわたり、あらゆる手段で手を差し伸べています。

年間約２万人の自殺者を減らすため、全国各地で街頭キャンペーンを展開しています。

公式サイト **www.withyou-hs.net**

自殺防止相談窓口

受付時間　火～土:10～18時（祝日を含む）

TEL **03-5573-7707** メール **withyou-hs@happy-science.org**

ヘレン・ケラーを理想として活動する、ハンディキャップを持つ方とボランティアの会です。視聴覚障害者、肢体不自由な方々に仏法真理を学んでいただくための、さまざまなサポートをしています。

公式サイト **www.helen-hs.net**

入会のご案内

幸福の科学では、大川隆法総裁が説く仏法真理《ぶっぽうしんり》をもとに、「どうすれば幸福になれるのか、また、他の人を幸福にできるのか」を学び、実践しています。

入会

仏法真理を学んでみたい方へ

大川隆法総裁の教えを信じ、学ぼうとする方なら、どなたでも入会できます。入会された方には、『入会版「正心法語《しょうしんほうご》」』が授与されます。

ネット入会 入会ご希望の方はネットからも入会できます。
happy-science.jp/joinus

三帰《さんき》誓願《せいがん》

信仰をさらに深めたい方へ

仏弟子としてさらに信仰を深めたい方は、仏《ぶっ》・法《ぽう》・僧《そう》の三宝《さんぽう》への帰依を誓う「三帰誓願式」を受けることができます。三帰誓願者には、『仏説・正心法語』『祈願文《きがんもん》①』『祈願文②』『エル・カンターレへの祈り』が授与されます。

幸福の科学 サービスセンター
TEL 03-5793-1727
受付時間/
火～金:10～20時
土・日祝:10～18時
（月曜を除く）

幸福の科学 公式サイト
happy-science.jp

ハッピー・サイエンス・ユニバーシティ

Happy Science University

ハッピー・サイエンス・ユニバーシティとは

ハッピー・サイエンス・ユニバーシティ（HSU）は、大川隆法総裁が設立された「現代の松下村塾」であり、「日本発の本格私学」です。
建学の精神として「幸福の探究と新文明の創造」を掲げ、チャレンジ精神にあふれ、新時代を切り拓く人材の輩出を目指します。

人間幸福学部　経営成功学部　未来産業学部

HSU長生キャンパス TEL 0475-32-7770

〒299-4325　千葉県長生郡長生村一松丙 4427-1

未来創造学部

HSU未来創造・東京キャンパス

TEL 03-3699-7707

〒136-0076　東京都江東区南砂2-6-5

公式サイト happy-science.university

学校法人 幸福の科学学園

学校法人 幸福の科学学園は、幸福の科学の教育理念のもとにつくられた教育機関です。人間にとって最も大切な宗教教育の導入を通じて精神性を高めながら、ユートピア建設に貢献する人材輩出を目指しています。

幸福の科学学園

中学校・高等学校（那須本校）

2010年4月開校・栃木県那須郡（男女共学・全寮制）

TEL 0287-75-7777 公式サイト happy-science.ac.jp

関西中学校・高等学校（関西校）

2013年4月開校・滋賀県大津市（男女共学・寮及び通学）

TEL 077-573-7774 公式サイト kansai.happy-science.ac.jp

仏法真理塾「サクセスNo.1」

全国に本校・拠点・支部校を展開する、幸福の科学による信仰教育の機関です。小学生・中学生・高校生を対象に、信仰教育・徳育にウエイトを置きつつ、将来、社会人として活躍するための学力養成にも力を注いでいます。

TEL 03-5750-0751（東京本校）

エンゼルプランV

東京本校を中心に、全国に支部教室を展開しています。信仰に基づいて、幼児の心を豊かに育む情操教育を行っています。また、知育や創造活動を通して、子どもの個性を大切に伸ばし、天使に育てる幼児教室です。

TEL 03-5750-0757（東京本校）

不登校児支援スクール「ネバー・マインド」

TEL 03-5750-1741

心の面からのアプローチを重視して、不登校の子供たちを支援しています。

ユー・アー・エンゼル！（あなたは天使！）運動

障害児の不安や悩みに取り組み、ご両親を励まし、勇気づける、障害児支援のボランティア運動を展開しています。

一般社団法人 ユー・アー・エンゼル

TEL 03-6426-7797

NPO活動支援

いじめから子供を守ろうネットワーク

学校からのいじめ追放を目指し、さまざまな社会提言をしています。また、各地でのシンポジウムや学校への啓発ポスター掲示等に取り組む一般財団法人「いじめから子供を守ろうネットワーク」を支援しています。

公式サイト mamoro.org　ブログ blog.mamoro.org

相談窓口 TEL.03-5544-8989

百歳まで生きる会

「百歳まで生きる会」は、生涯現役人生を掲げ、友達づくり、生きがいづくりをめざしている幸福の科学のシニア信者の集まりです。

シニア・プラン21

生涯反省で人生を再生・新生し、希望に満ちた生涯現役人生を生きる仏法真理道場です。定期的に開催される研修には、年齢を問わず、多くの方が参加しています。

全世界212カ所（国内197カ所、海外15カ所）で開校中。

【東京校】 TEL 03-6384-0778　FAX 03-6384-0779

メール senior-plan@kofuku-no-kagaku.or.jp

幸福実現党

内憂外患《ないゆうがいかん》の国難に立ち向かうべく、2009年5月に幸福実現党を立党しました。創立者である大川隆法党総裁の精神的指導のもと、宗教だけでは解決できない問題に取り組み、幸福を具体化するための力になっています。

幸福実現党 釈量子サイト **shaku-ryoko.net**
Twitter **釈量子@shakuryoko**で検索

党の機関紙
「幸福実現党NEWS」

幸福実現党　党員募集中

あなたも幸福を実現する政治に参画しませんか。

○幸福実現党の理念と綱領、政策に賛同する18歳以上の方なら、どなたでも参加いただけます。
○党費:正党員（年額5千円［学生 年額2千円］)、特別党員（年額10万円以上)、家族党員（年額2千円）
○党員資格は党費を入金された日から1年間です。
○正党員、特別党員の皆様には機関紙「幸福実現党NEWS(党員版)」(不定期発行）が送付されます。

＊申込書は、下記、幸福実現党公式サイトでダウンロードできます。
住所:〒107-0052　東京都港区赤坂2-10-8 6階 幸福実現党本部
TEL **03-6441-0754**　FAX **03-6441-0764**
公式サイト **hr-party.jp**

出版 メディア 芸能文化 幸福の科学グループ

幸福の科学出版

大川隆法総裁の仏法真理の書を中心に、ビジネス、自己啓発、小説など、さまざまなジャンルの書籍・雑誌を出版しています。他にも、映画事業、文学・学術発展のための振興事業、テレビ・ラジオ番組の提供など、幸福の科学文化を広げる事業を行っています。

アー・ユー・ハッピー?
are-you-happy.com

ザ・リバティ
the-liberty.com

幸福の科学出版
TEL **03-5573-7700**
公式サイト **irhpress.co.jp**

THE FACT

ザ・ファクト
マスコミが報道しない「事実」を世界に伝えるネット・オピニオン番組

ザ・ファクト 検索

NEW STAR PRODUCTION

ニュースター・プロダクション

「新時代の美」を創造する芸能プロダクションです。多くの方々に良き感化を与えられるような魅力あふれるタレントを世に送り出すべく、日々、活動しています。 公式サイト **newstarpro.co.jp**

ARI Production

ARI《アリ》 Production《プロダクション》

タレント一人ひとりの個性や魅力を引き出し、「新時代を創造するエンターテインメント」をコンセプトに、世の中に精神的価値のある作品を提供していく芸能プロダクションです。 公式サイト **aripro.co.jp**

大川隆法　講演会のご案内

大川隆法総裁の講演会が全国各地で開催されています。講演のなかでは、毎回、「世界教師」としての立場から、幸福な人生を生きるための心の教えをはじめ、世界各地で起きている宗教対立、紛争、国際政治や経済といった時事問題に対する指針など、日本と世界がさらなる繁栄の未来を実現するための道筋が示されています。

2020年12月8日 さいたまスーパーアリーナ
「"With Savior"(ウィズ・セイビア)―救世主と共に―」

2019年10月6日 ザ ウェスティン ハーバーキャッスル トロント(カナダ)
「The Reason We Are Here」

2019年12月17日 さいたまスーパーアリーナ
「新しき繁栄の時代へ」

2019年3月3日 グランド ハイアット 台北(台湾)
「愛は憎しみを超えて」

2019年7月5日 福岡国際センター
「人生に自信を持て」

講演会には、どなたでもご参加いただけます。
最新の講演会の開催情報はこちらへ。 ⟹

大川隆法総裁公式サイト
https://ryuho-okawa.org